जिनवाणी का निर्झर
Springs of Jaina Wisdom

जिनवाणी का निर्झर

दुलीचंद जैन
'साहित्यरत्न'

श्री चिंतामणि पार्श्वनाथ जैन श्वेताम्बर मंदिर, हरिद्वार

SPRINGS OF JAINA WISDOM

DULICHAND JAIN
'Sahitya-Ratna'

SHRI CHINTAMANI PARSHVANATH
JAIN SHWETAMBAR MANDIR, HARIDWAR

प्रथम संस्करण : चेन्नई मार्च, १९९९
द्वितीय संवर्धित संस्करण : दिल्ली जनवरी, २०००

प्रकाशक :
श्री चिन्तामणि पार्श्वनाथ जैन श्वेताम्बर मंदिर,
भूपतवाला, हरिद्वार, उत्तर प्रदेश २४१४१०

वितरक :
मोतीलाल बनारसीदास
बंगलो रोड, दिल्ली ११०००७
ई-मेल : mlbd@vsnl.com

बी०पी०बी० पब्लिकेशन्स
२०, अन्सारी रोड, दरियागंज, नई दिल्ली ११०००२
ई-मेल : bpb@vsln.com

जैन इंडस्ट्रियल कॉर्पोरेशन
७०, सेम्बुदोस स्ट्रीट, चेन्नई-६०० ००१
फोन : ५२२२०४४, ५२२७२६३

पृष्ठसज्जा :
सीता फाइन आर्ट्स प्राइवेट लिमिटेड, दिल्ली ११००५२

Rs 295.00

श्री जैनेन्द्र प्रेस, नारायणा, फेज–१, नई दिल्ली ११००२८

First Edition: Chennai March, 1999
Second Revised Edition: Delhi January, 2000

Publishers :
SRI CHINTAMANI PARSHVANATH JAIN
SWETAMBAR MANDIR
Bhupatwala, Haridwar, U.P. 241410

Distributors :
MOTILAL BANARASIDASS
Bangalow Road, Jawahar Nagar, Delhi 110007
E-mail : mlbd@vsnl.com

B.P.B. PUBLICATIONS
20, Ansari Road, Daryaganj, New Delhi 110002
E-mail : bpb@vsln.com

JAIN INDUSTRIAL CORPORATION
70, Sembudoss St., Chennai-600 001
Phones : 5222044, 5227263

Format :
Sita Fine Arts Private Ltd., Delhi 110052

Price Rs 295.00

Printe
Sri Jainendra Press, Naraina, Phase-1, New Delhi 110028

अनुक्रमणिका (CONTENTS)

भूमिका

जैन धर्म भारत की समृद्ध सांस्कृतिक परम्परा का एक अभिन्न अंग है। **भगवान् महावीर** इसके २४ वें **तीर्थंकर** थे। वे अहिंसा एवं करुणा के अवतार थे। उन्होंने मानव जीवन की उपयोगिता को प्रतिपादित किया तथा कहा कि मुक्ति मनुष्य भव में ही संभव है। उन्होंने समता एवं इच्छाओं के नियन्त्रण का संदेश दिया ताकि मनुष्य वास्तविक मानसिक शान्ति एवं प्रसन्नता का अनुभव कर सके। उनका संदेश सम्पूर्ण मानव जाति के लिए प्रेरणा का स्रोत है।

भगवान् **महावीर** के उपदेश बहुत ही सरल एवं प्रभावक हैं तथा वे मनुष्य जीवन के प्रत्येक क्षेत्र को स्पर्श करते हैं। यद्यपि उनके उपदेशों को आज २५०० वर्षों से अधिक समय व्यतीत हो गया है किन्तु वे आज भी उतने ही स्फूर्तिदायक एवं प्रेरणास्पद हैं। मनुष्य जीवन के आध्यात्मिक उत्कर्ष के लिए वे संजीवनी का कार्य कर सकतें हैं। तीर्थंकर महावीर का संदेश आशा से परिपूर्ण है तथा आत्म-विश्वास, आत्मानुशासन एवं आत्म-विशुद्धि द्वारा आत्मा की आंतरिक शक्तियों एवं असीम संभावनाओं को उजागर करने का साधन है।

भगवान् **महावीर** के उपदेश जैन **आगम** ग्रन्थों में संग्रहीत हैं तथा एक समृद्ध विरासत द्वारा हमें प्राप्त हुए हैं। इस पुस्तक में जैन **आगम** ग्रन्थों में से चुनी हुई मात्र २३० विचारोतेजक सूक्तियों को संकलित किया गया है। इसमें प्रत्येक सूक्ति का एक शीर्षक तथा उसका अनुवाद हिन्दी एवं अंग्रेजी दोनों भाषाओं में दिया गया है ताकि दोनों भाषाओं के जानकार व्यक्ति इससे लाभ उठा सकेंगे। यह पुस्तक भगवान् **महावीर** के २६०० वें जन्मोत्सव के पुनीत प्रसंग पर प्रकाशित की जा रही है। इसमें विशेष प्रयत्न किया गया है कि केवल वे ही सूक्तियां चुनी जांय जो विशेष रूप से सरल एवं भावपूर्ण हों विशेषतः सामान्य व्यक्ति के जीवन को प्रेरणा प्रदान कर सके। इस संग्रह में हम उस दिव्य विचारधारा की एक झलक प्राप्त कर सकेंगे जो मानव जाति को प्रत्येक युग में जीवनोत्थान की प्रेरणा प्रदान करेगी। एल० डी० इन्स्टीटयूट के डा० जे० बी० शाह का धन्यवाद प्रकट करता हूँ जिन्होंने इस पुस्तिका की पाण्डुलीपी को पढ़ा।

आज इस महापुरुष की वाणी का प्रचार नितांत आवश्यक है। जिनवाणी का यह निर्झर आज के अशान्त एवं तनावग्रस्त मनुष्य को शान्ति एवं शीतलता प्रदान करेगा, ऐसा मेरा विश्वास है। यदि इसमें कुछ त्रुटियां रह गई हों तो मैं विद्वत् समाज से क्षमा याचना करता हूँ।

७० शम्बुदास स्ट्रीट,
चेन्नई-६०० ००१

दुलीचंद जैन

PREFACE

Jainism is an integral part of India's rich cultural heritage. Lord **Mahāvira** was the 24th **Tīrthaṅkara** of this religion. He was an apostle of non-violence and compassion. He stressed the importance of human life and said that liberation can be achieved in human state only. He gave the message of equality and limitation of desires to achieve peace of mind and tranquility. His message is an inspiration for the entire humanity.

The preachings of Lord **Mahāvira** are very simple and effective and they influence every aspect of human life. Although he preached 2500 years ago, his preachings are relevant even today and bear special significance for the spiritual advancement of mankind. His message is full of optimism, self-reliance, self-discipline and self-purification to develop inherent and infinite potentialities of human self.

The teachings of Lord **Mahāvira** are preserved in Jaina **Āgamas**, which have come down to us through a very rich tradition. This book contains only 230 thought-provoking aphorisms selected from the **Āgamic** texts. Each aphorism has a title with translation in Hindi as well as in English. This booklet is published on the occasion of the 2600th birth anniversary celebrations of Lord **Mahāvira** falling in the year 2001. In this book care has been taken to select only those aphorisms which are particularly simple, reflective and inspiring specially appealing to the common man. In the compilation, we can find a glimpse of that sublime thought which shall inspire mankind to tread the path of right living for all times to come. Thanks are due to Dr. J. B. Shah of L.D. Institute for going through the manuscript.

Today there is great need to propagate the teachings of this great Master. It is hoped that "Springs of Jaina Wisdom" will give peace and solace to the humanity suffering from grief and tension in modern times. I beg to be excused if any errors are found in this book.

70, Sembudoss Street
Chennai- 600 001

DULICHAND JAIN

श्री चिन्तामणि पार्श्वनाथ जैन श्वेताम्बर तीर्थ, हरिद्वार

प्रथम तीर्थंकर भगवान् ऋषभदेव के निर्वाण-स्थान अष्टापद के मार्ग में स्थित हरिद्वार नगर में उपरोक्त तीर्थ का उदय होना एक अविस्मरणीय ऐतिहासिक घटना है।

पावन भूमि हरिद्वार में वर्षों से कोई श्वेताम्बर जैन मन्दिर नहीं था। मोतीलाल बनारसीदास संस्थान के स्वर्गीय सुन्दरलाल जी को यह अभाव सदैव खटकता रहा। सेठ कस्तूरभाई लालभाई की भावना भी यही थी कि इस पुण्यभूमि पर एक भव्य जैन मन्दिर के साथ धर्मशाला, भोजनशाला व उपाश्रय का निर्माण होना चाहिए, किन्तु दोनों महानुभावों का यह स्वप्न उनके जीवनकाल में पूरा न हो सका।

लाला सुन्दरलाल जी के भतीजे पद्मश्री शान्तिलाल जी ने यह भावना सुश्रावक श्री शोरीलाल जी के समक्ष रखी। अन्तःप्रेरणा से प्रेरित होकर श्रीयुत शोरीलाल जी ने स्वयं को इस सम्पूर्ण परियोजना के साथ तन-मन-धन से जोड़ा व तीर्थ-निर्माण का समस्त कार्यभार अपने कंधों पर लिया। सर्वप्रथम भूमि का क्रय श्री शान्तिलाल जी ने अपने मित्र श्री ज्ञानचन्द जी के सहयोग से किया। दैवयोग से मद्रास निवासी श्री अमरचन्द जी वैद जिन्हें अपने दिवंगत पिताश्री का दैविक सान्निध्य प्राप्त था, भी इस परियोजना की महत्वपूर्ण कड़ी बने और इस प्रकार मन्दिर-निर्माण का स्वप्न साकार हुआ।

मन्दिर का निर्माण दो खण्डों में हुआ है। प्रथम तल के गर्भगृह में ५१ इंच की **श्री आदिनाथ भगवान्** की श्वेतवर्ण प्रतिमा स्थापित है। रंगमण्डप में **श्री सीमंधर स्वामी जी, श्री महावीर स्वामी जी, श्री पुंडरीक स्वामी जी** व **श्री गौतम स्वामी जी** की प्रतिमाएं प्रतिष्ठित हैं। मुख्य खंड (द्वितीय तल) के गर्भगृह में **श्री चिन्तामणि पार्श्वनाथ भगवान** की प्रतिमा के अतिरिक्त **श्री शान्तिनाथ** जी व **श्री नेमिनाथ** जी की प्रतिमाओं को रंगमंडप

में प्रतिष्ठित किया गया है। कौली मण्डप में अधिष्ठायक **श्री पार्श्व यक्ष** एवं अधिष्ठायिका **देवी पद्मावती यक्षिणी** को भी प्रतिष्ठित किया गया है।

मन्दिर के शिल्प की योजना भारत के सुप्रसिद्ध सोमपुरा निवासी श्री अमृतभाई त्रिवेदी जी के पौत्र श्री वीरेन्द्रभाई के निर्देशन में बनाई गई एवं मन्दिर-निर्माण श्री हर्षद चावड़ा के कुशल नेतृत्व में हुआ। दैविक मार्गदर्शन के अनुरूप अंजनशलाका प्रतिष्ठा महोत्सव शुभ मुहूर्त, माघ शुक्ल 6, रविवार, दिनांक 5 फरवरी, 1995 को आचार्य श्रीमद् पद्मसागर सूरीश्वरजी महाराज की पावन निश्रा में संपन्न हुआ।

मन्दिर से संलग्न तिमंजिले भवन में उपाश्रय, धर्मशाला एवं भोजनशाला की सुविधायें उपलब्ध हैं। वर्तमान में 200 यात्रियों के आवास की व्यवस्था है। एक अतिरिक्त विशाल धर्मशाला के निर्माण की योजना भी हाथ में है जिसमें 700 यात्री ठहर सकते हैं, जो 2000 के अंत तक पूर्ण हो जायेगी।

सुश्रावक श्री शोरीलाल जी के अर्न्तमन की भावना आरम्भ से ही यह रही है कि मन्दिर परिसर में नवकार-पीठ की स्थापना हो। इस बृहद् योजना के अन्तर्गत पुस्तकों का प्रकाशन भी समाविष्ट था। सर्वप्रथम अध्यात्मयोगी आचार्य कलापूर्ण सूरि जी की पुस्तक **'ध्यान-विचार'** का प्रकाशन हो चुका है। **'पंचप्रतिक्रमण'** इस प्रकाशन-योजना का द्वितीय पुष्प है। इस प्रकाशन-योजना का तीसरा पुष्प अध्यात्मयोगी आचार्य कलापूर्ण सूरि जी महाराज की पुस्तक **'मिले मन भीतर भगवान्'** भी प्रकाशित हो चुका है। **'नमस्कार-चिंतामणि'** चतुर्थ एवं **'महामंत्र की अनुप्रेक्षा'** इस प्रकाशन-योजना का पंचम पुष्प है। हमारा सौभाग्य है कि **'जिनवाणी का निर्झर'** इस योजना का अगला पुष्प है।

राम नवमी, 2000

ट्रस्टीगण

Shri Chintamani Parshavanth Jain Shwetamber Tirth, Hardwar

An Idea and a Dream Realized

The coming up of the new temple at Hardwar is an important development in the history of Jains. A fulfilment of the aspirations of devout Jains longing for a spot in the holy city of Hardwar, the temple overlooks lush Himalayan ranges all around with the mighty Ganga winding her way down from Gangotri.

The temple is the fulfilment of the dreams of late Shri Sunderlalji of Motilal Banarsidass Publishers who, alongwith Sheth Shri Kasturbhai Lalbhaiji, had first undertaken to conceive the project. His nephew Padamshri Shantilalji alongwith Shri Shorilalji and Shri Gyanchandji jointly put in their might and with efforts and goodwill of the entire Jain community of India that dream was finally translated into reality when on February 5, 1995 the temple was formally declared open by Acharya Shri Padamsagar Surishwarji Maharaj Sahab.

This temple has been constructed in Jaisalmer stone in Jain architectural style under the able guidance of Shri Amritbhai's grandson Virendra Bhai and construction was assigned to Shri Harshad Chawda. The munificent temple is an attempt to recapture the sanctity of the Jain faith. Further work on ornate carvings depicting mythological figures and events is in full swing.

The temple is divided into two parts. The *Garbh-Grah* on the groundfloor carries the 51-inch idol of the first Jain Tirthankara **Shri Adinath Bhagwan** in white marble. Other idols in the *Rangmandap* on both the sides of *Garbh-Grah* are **Shri Simander Swamiji, Shri Mahavir Swamiji, Shri Pundarik Swamiji** and **Shri Gautam Swamiji**. The main temple on the first floor bears the holy presence of the idols of **Shri Chintamani Parshavnath Bhagwan** in the *Garbh-Grah* and **Shri Shantinathji** and **Shri Neminathji** in the *Rangmandap*. Idols of **Shri Parshva Yaksha** and **Devi Padmavati Yakshini** are in *Kauli Mandap*. **"Rayan Pagla"** of Adishwar Bhagwan has been constructed on the right side of the temple in the same size as in Palitana.

The existing Dharamshala accommodates some 200 pilgrims at a time with full facilities of meditation, stay and boarding. Another Dharamshala with additional accommodation facilities for 700 pilgrims is under construction and is expected to be completed by 2000 end.

The Temple trust has a publications programme under which the books published so far are "Dhyan Vichar", "Mile Man Bhitar Bhagwan", "Panchpratikraman Sutra", "Namaskar Chintamani", "Mahamantra Ki Anupreksha", and "Springs of Jaina Wisdom".

The temple will serve as an important pilgrimage and pleasant retreat for devotees for centuries to come.

Ram Navami, 2000 — Trust Board

नमस्कार महामंत्र

णमो अरिहंताणं ।

णमो सिद्धाणं ।

णमो आयरियाणं ।

णमो उवज्झायाणं ।

णमो लोए सव्वसाहूणं ।

एसो पंचणमुक्कारो, सव्वपावप्पणासणो ।

मंगलाणं च सव्वेसिं, पढमं हवइ मंगलं ।

THE FIVE-FOLD OBEISANCE

(Namaskāra Mahāmantra)

Obeisance to the Victors (**Arhats**).

Obeisance to the Liberated souls (**Siddhas**).

Obeisance to the Preceptors (**Ācāryas**).

Obeisance to the Spiritual Teachers (**Upādhyāyas**).

Obeisance to all the Saints (**Sādhus**) in the world.

This sublime five-fold obeisance (**Namaskāra Mahāmantra**) destroys all the sins and is supremely auspicious.

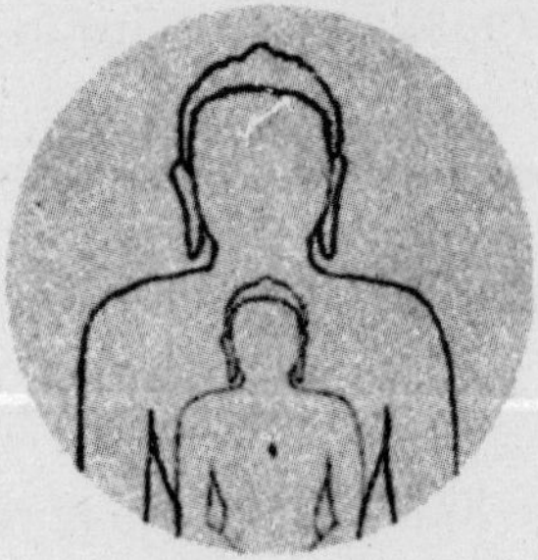

आत्म-तत्त्व

THE SELF

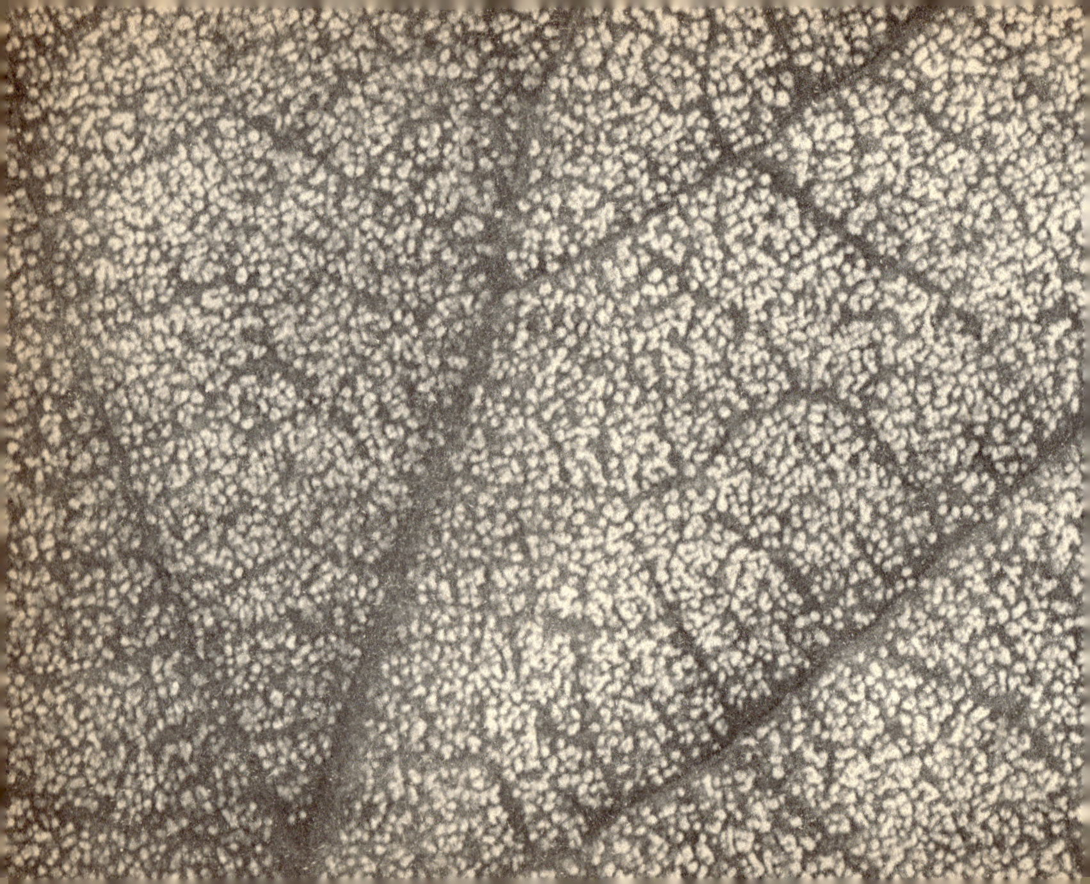

* *

आत्मा

आत्मा ही सुख और दुःख को उत्पन्न करनेवाली है और उनका क्षय करनेवाली भी है। सन्मार्ग पर चलनेवाली आत्मा अपनी मित्र है और उन्मार्ग पर चलनेवाली आत्मा अपनी शत्रु है।

Soul

The soul is the architect of one's happiness and sorrow. The soul on the right path is one's own friend and a soul on the wrong path is one's enemy.

आत्मा का स्वरूप

आत्मा वास्तव में मन, वचन और कायरूप त्रिदंड से रहित, द्वंद्व-रहित एकाकी, ममत्व-रहित, निष्कल (शरीर-रहित), परद्रव्यालम्बन से रहित वीतराग, निर्दोष, मोहशून्य तथा निर्भय है।

True Form of Soul

The pure soul is free from the activities of mind, body and speech. It is conflictless, detached, formless, substratumless, dispassionate, blemishless, free from delusion and fear.

* *

परमात्म तत्त्व

इन्द्रिय समूह को आत्मा के रूप में स्वीकार करनेवाला, उन्हीं में आसक्त रहनेवाला, बहिरात्मा है। आत्मा को देह से भिन्न समझनेवाला अन्तरात्मा है। कर्म के आवरण को मुक्त करनेवाला आत्मा परमात्मा है।

Super Soul

External soul is that which is led by the senses. Internal soul is that which knows itself to be different from the body and supreme soul is that which has annihilated the **karmas** and attained liberation.

आत्मा क्या है ?

यह आत्मा ही वैतरणी (स्वर्ग की नदी) है और यही कूट शाल्मली वृक्ष है। यही कामदुहा धेनु (सब इच्छाओं को पूर्ण करनेवाली गाय) है और यही नंदन वन है।

What is Soul ?

The soul itself is the river **Vaitaraṇī** (a river in heaven) and the thorny tree of **Śālmalī**. The soul is also **Kāmadhenu** (wish-fulfilling cow) and the divine garden **Nandana.**

❋ ❋

शाश्वत तत्त्व

ज्ञान, दर्शन स्वरूप मेरी आत्मा ही शाश्वत तत्त्व है । उससे भिन्न जितने भी राग, द्वेष, कर्म, शरीर आदि भाव हैं, वे सब संयोगजन्य बाह्य भाव हैं, अतः वास्तव में मेरे अपने नहीं हैं ।

Eternal Element

My soul, endowed with knowledge and vision, is alone eternally mine; all others are alien to me and are in the nature of external adjuncts.

आत्म-दमन

अपनी आत्मा का ही दमन करो क्योंकि आत्मा ही दुर्दम्य है। अपनी आत्मा पर विजय पानेवाला ही इस लोक और परलोक में सुखी होता है।

Self-Restraint

The self alone should be restrained because it is most difficult to restrain the self. One who conquers his self becomes happy in this world and will be so in the next.

❋ ❋

युद्ध किससे ?

हे प्राणी ! अपनी आत्मा के साथ ही युद्ध कर। बाहरी शत्रुओं से युद्ध करने से क्या लाभ ? आत्मा को आत्मा के द्वारा जीतनेवाला व्यक्ति सुख पाता है।

Fight with Whom ?

Fight with your own self. What is the use of fighting with external foes? One who conquers one's own self enjoys happiness.

दुःखों से मुक्ति

हे पुरुष ! तू ही तेरा मित्र है । बाहर क्यों मित्र की खोज करता है ? हे पुरुष ! अपनी आत्मा को ही वश में कर। ऐसा करने से तू सभी दुःखों से मुक्त होगा।

Liberation from Miseries

O man ! you are your own friend, why do you seek the company of other friends ? Control and conquer your own self. By doing so, you will be liberated from all miseries and sorrows.

आत्म-शुद्धि

सरल आत्मा की ही शुद्धि होती है। शुद्ध हृदय में ही धर्म टिकता है। जिस तरह घी से अभिषिक्त अग्नि दिव्य प्रकाश को प्राप्त होती है, उसी प्रकार शुद्ध आत्मा तेज से उद्दीप्त होती हुई परम निर्वाण को प्राप्त होती है।

Self-Purification

One who is free of deceit attains purity and becomes steadfast in **Dharma.** Such a person attains the highest emancipation like the lustre of fire sprinkled with ghee.

इच्छाओं का दमन

मैं स्वयं ही संयम और तप के द्वारा अपनी आत्मा (इच्छाओं) का दमन करूँ, बजाय इसके कि अन्य लोग बंधन और वध के द्वारा मेरा दमन करें।

Restraint of Desires

It is better that I restrain myself by self-control and austerity instead of being subdued by others by fetters and violence.

दश शत्रु

पाँच इन्द्रियाँ और चार कषाय (क्रोध, मान, माया और लोभ) दुर्जेय हैं। इनसे भी अधिक कठिन अपनी आत्मा पर विजय पाना है। आत्मा को जीत लेने पर ये सब स्वतः ही वश में हो जाते हैं।

Ten Enemies

The five senses and four passions (anger, pride, deceit and greed) are difficult to be conquered. But the most difficult is to conquer the self. When the self is conquered, they all automatically get conquered.

सर्वोच्च विजय

दुर्जय संग्राम में लाखों शत्रुओं को जीतने की अपेक्षा एक अपनी आत्मा को जीतना सर्वश्रेष्ठ विजय है।

Greatest Victory

Victory over one's self is greater than conquering lakhs of enemies on the battlefield.

आत्म-संयम

जिस प्रकार कछुआ अपने अंगों को अपने शरीर में समेट लेता है, उसी प्रकार मेधावी पुरुष आध्यात्मिक भावना द्वारा पाप कर्मों से अपने आपको हटा लेता है।

Self-Restraint

Just as a tortoise withdraws all its limbs into its own shell, in the same manner a wise man withdraws his senses from all evils by spiritual exertion.

अनुशासन किस पर ?

वह औरों पर अनुशासन कैसे करेगा, जो अपने आप पर अनुशासन नहीं रख पाता है ?

Whom to Discipline ?

How can one discipline others, when he is unable to discipline himself ?

आत्म-निरीक्षण

साधक प्रत्येक दिवस के अंत में विचार करे—मैंने क्या सत्कर्म किया है और क्या नहीं किया है ? और वह कौन-सा कार्य है, जिसे मैं क्षमता होते हुए भी नहीं कर पाया हूँ ?

Self-Introspection

At the end of every day, an awakened person should contempiate thus—what noble deeds have I done and what have I not done ? And what good deeds remain to be done which I could have but did not accomplish ?

आत्मालोचन

जिस प्रकार बालक बोलता हुआ अच्छे व बुरे किये हुए कार्य को सरलता से कह देता है, उसी प्रकार सरलता से अपने दोषों की आलोचना करनेवाला व्यक्ति माया व घमंड से मुक्त होता है।

Confession

Just as a child speaks of his good and bad acts in an innocent manner, similarly, one ought to confess one's guilt with a mind free from deceit and pride.

प्रायश्चित्त

व्यक्ति जान या अनजान में कोई अधर्म कार्य कर बैठे तो अपनी आत्मा को तुरंत उससे हटा ले तथा ऐसी प्रतिज्ञा करे कि वह ऐसा कार्य पुनः नहीं करेगा।

Expiation

When a person commits a sinful deed, whether intentionally or unintentionally, he should immediately withdraw from that with the resolve that such an act will not be committed again.

ज्ञान और चारित्र

KNOWLEDGE AND CONDUCT

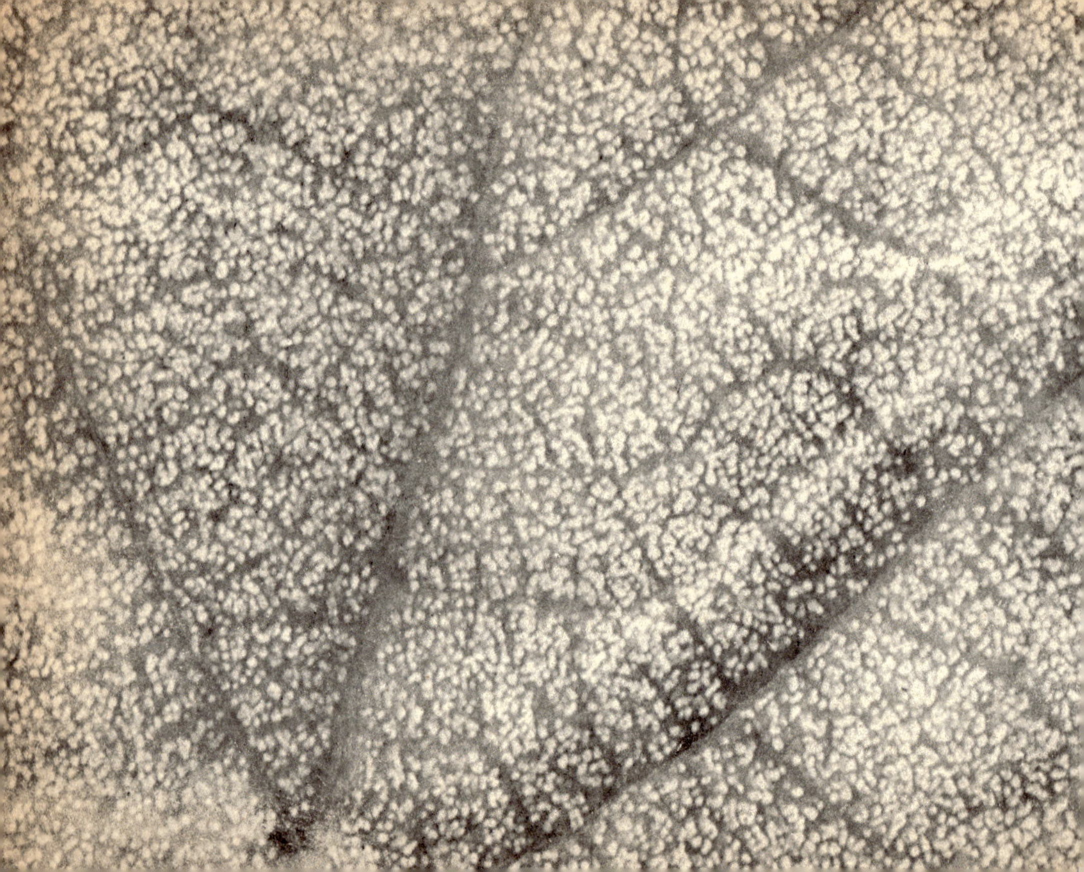

ज्ञान

मनुष्य ज्ञान से पदार्थों को जानता है, दर्शन से उन पर श्रद्धा करता है, चारित्र से कर्मों के आगमन को रोकता है और तप से आत्मा को शुद्ध करता है।

Knowledge

By knowledge one understands the nature of substances, by faith one believes in them, by conduct one puts an end to the flow of **karmas** and by austerity one attains purity.

सम्यक् ज्ञान

जीवन में पहला स्थान ज्ञान का है और फिर दया का। सभी साधुवृंद इसी प्रकार संयम में स्थित होते हैं। अज्ञानी क्या कर सकता है ? वह क्या जानेगा कि उसके लिए क्या हितकर है और क्या अहितकर ?

Right Knowledge

The most important thing in life is knowledge; knowledge precedes compassion. This is how all monks achieve self-control. What can an ignorant person do ? How will he distinguish the meritorious deeds from the evil ones ?

ज्ञान क्या है ?

ज्ञान उसे कहते हैं जिससे तत्त्व का बोध होता है, चित्त का निरोध होता है तथा जिससे आत्मा प्रकाशित होती है।

What is Knowledge ?

Knowledge is that which helps to understand reality, controls the mind and which enlightens the soul.

चारित्र विहीन ज्ञान

चारित्र विहीन ज्ञान व्यर्थ है और अज्ञानी की क्रिया व्यर्थ है। जैसे पंगु व्यक्ति वन में लगी हुई आग को देखते हुए भी भागने में असमर्थ होने से और अंधा व्यक्ति दौड़ते हुए भी देखने में असमर्थ होने से जल मरता है।

Knowledge without Conduct

Knowledge is of no use in the absence of right conduct, conduct is of no use in the absence of right knowledge. When a lame man and a blind man in a forest are caught in a conflagration, both get burnt because the lame cannot walk and the blind cannot see.

ज्ञान और क्रिया

ज्ञान और क्रिया के संयोग से ही फल की प्राप्ति होती है, जैसे वन में पंगु और अंधा दोनों परस्पर सहयोग से, आग लगने पर भी, बच निकलते हैं। केवल एक पहिये से रथ नहीं चलता।

Knowledge and Conduct

Knowledge and conduct together lead to success, just as in a forest fire, when a blind and a lame help each other both manage to reach destination. A chariot does not move by one wheel alone.

आत्म-हित का मार्ग

(साधक) सुनकर ही आत्म-हित का मार्ग जान सकता है। सुनकर ही पाप या अहित को जाना जा सकता है। अतः सुनकर, हित और अहित दोनों को जानकर, जो मार्ग श्रेयस्कर हो, उसका भली-भाँति आचरण करना चाहिये।

The Beneficial Path

After listening to scriptures, a person knows what are good and evil deeds and, having known both, he should practise that which is conducive to reach the highest goal.

नींव है सम्यग्दर्शन

सम्यग्दर्शन के बिना ज्ञान नहीं; ज्ञान के बिना चारित्र नहीं; चारित्र के बिना कर्मों का क्षय नहीं और कर्मों का क्षय हुए बिना निर्वाण नहीं।

Foundation is Right Faith

Without right faith there is no right knowledge; without right knowledge there is no virtuous conduct; without virtues, there is no annihilation of **karmas** and without annihilation there is no liberation.

सम्यक्त्व का लाभ

सम्यक्त्व प्राप्ति का लाभ तीनों लोकों की संपदा के लाभ से भी अधिक श्रेष्ठ है।

Value of Righteousness

The value of righteousness is much greater than possessing all the treasures of the three worlds.

कौन है सम्यग्दृष्टि ?

वह व्यक्ति ही सम्यग्दृष्टि है, जो जानता है कि क्या उपादेय (ग्रहण करने योग्य) है और क्या हेय (त्यागने योग्य) है।

Who is Right Believer ?

He only is a right believer who knows what is to be accomplished and what is to be relinquished.

सम्यक्त्व से रहित

व्यक्ति को सम्यक्त्व प्राप्त किये बिना सहस्रों वर्षों तक उग्र तप करने पर भी बोधि प्राप्त नहीं होती।

Devoid of Righteousness

A person who has no right faith, even if he undertakes severe austerities for thousands of years, cannot achieve enlightenment.

शास्त्र-ज्ञान

जैसे धागा पिरोई हुई सुई गिर जाने पर भी गुम नहीं होता, वैसे ही शास्त्र-ज्ञान युक्त व्यक्ति संसार में रहने पर भी नष्ट नहीं होता।

Sacred Knowledge

Just as a threaded needle does not get lost even when it falls on the ground, so a person endowed with sacred knowledge does not get lost in the worldly sojourn.

सिद्धि

ज्ञान से ध्यान की सिद्धि होती है। ध्यान से सभी कर्म नष्ट हो जाते हैं। निर्जरा का फल मोक्ष है। अतः सतत ज्ञानाभ्यास करना चाहिये।

Perfection

Perfection is attained through knowledge and by meditation all **karmas** are annihilated. By annihilation, liberation is achieved. Hence one should be always engaged in the acquisition of knowledge.

श्रेयस्कर मार्ग

धर्म-श्रवण से ही आत्मा के हित का और आत्मा के अहित का मार्ग जाना जाता है। दोनों मार्गों को जानकर, जो मार्ग आत्मा के लिए श्रेयस्कारी हो, उसका अनुकरण करें।

The Beneficial Path

After listening to the scriptures, a person knows what is the right and what is the wrong path. After knowing both, he should practise that which is beneficial for him.

जीव का स्वरूप

जो जीव के स्वरूप को नहीं जानता, न अजीव के स्वरूप को जानता है, इस तरह इन दोनों को न जाननेवाला, संयम को कैसे जानेगा ?

Nature of Soul

A person who does not know the nature of living and the non-living substances, thus being ignorant of both, how can he know what self-control is ?

चारित्रहीन व्यक्ति

शास्त्रों का अत्यधिक अध्ययन भी चारित्रहीन व्यक्ति के लिए किस काम का ? क्या करोड़ों दीपक जला देने पर अंधे को कोई प्रकाश मिल सकता है ?

Characterless Person

Knowledge of numerous scriptures is of no use to a person who has no character. Can crores of burning lamps give light to a blind person ?

आचरण का महत्त्व

तैरना जानते हुए भी यदि कोई व्यक्ति जल प्रवाह में गिरने पर हाथ पाँव न हिलाए, तो वह प्रवाह में डूब जाता है। धर्म को जानते हुए भी यदि वह उसका आचरण न करे तो संसार सागर को कैसे पार कर सकता है?

Importance of Conduct

A person who knows swimming but does not endeavour to swim, when fallen in water ultimately drowns. So also a person who knows the path of religion but does not tread it, how can he cross the worldly sojourn?

ज्ञान का अंकुश

उच्छृंखल मन एक उन्मत्त हाथी की भाँति है लेकिन इसे ज्ञान रूपी अंकुश से वश में किया जा सकता है।

Goad of Knowledge

The vitiated mind is like a furious elephant, but can be controlled by the goad of knowledge.

मुक्ति का मार्ग

THE PATH OF LIBERATION

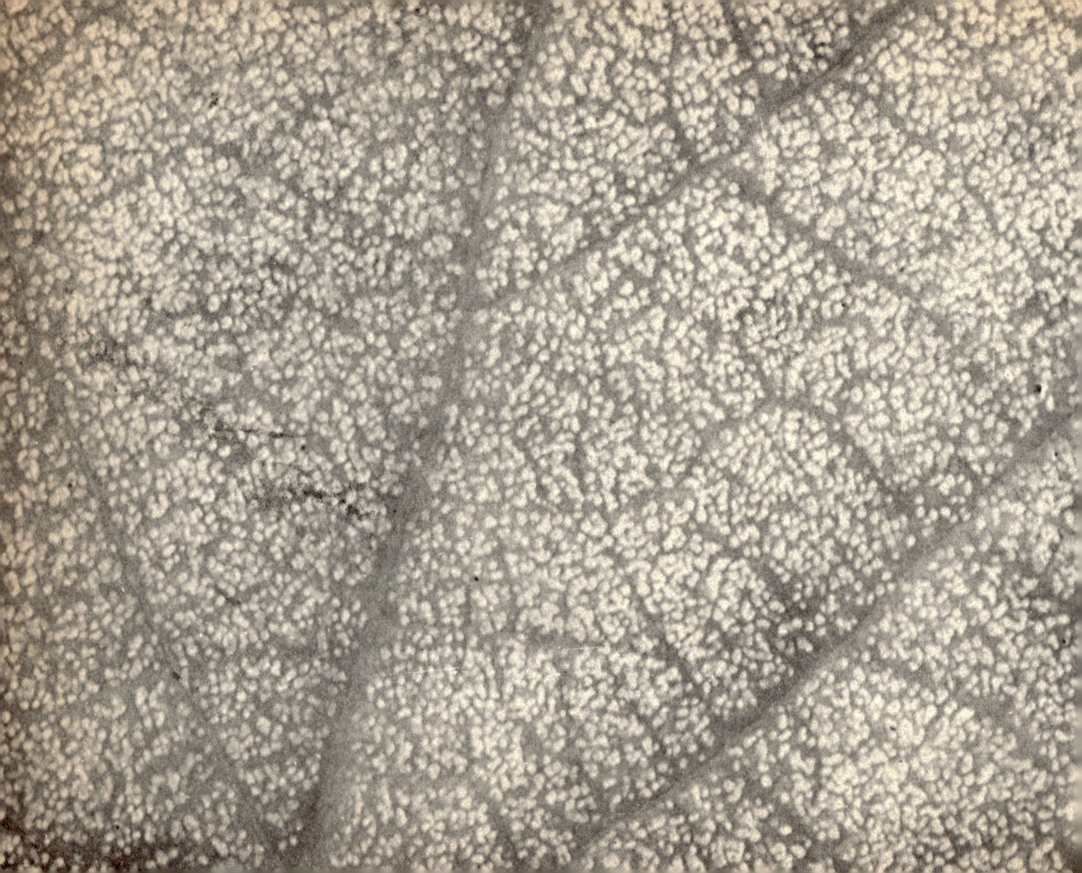

दुर्लभ संयोग

जीव-मात्र के लिए चार उत्तम संयोग मिलना अत्यंत दुर्लभ हैं—

१. मनुष्य-जन्म, २. धर्म का श्रवण, ३. धर्म में श्रद्धा, और ४. धर्म के पालन में पराक्रम।

Rare Combinations

For living beings, four combinations are rare to obtain : human-birth, listening to scriptures, faith in **Dharma** and the energy to practise self-control.

धर्म-श्रवण

मनुष्य-जन्म प्राप्त होने पर भी उस धर्म का श्रवण अति दुर्लभ है, जिसे सुनकर मनुष्य तप, क्षमा और अहिंसा को स्वीकार करता है।

Listening to Scriptures

Even after having been born as a human being, it is most difficult to get an opportunity to listen to holy scriptures—listening to which makes one practise austerity, forgiveness and non-violence.

श्रद्धा

कदाचित् धर्म-श्रवण का अवसर पा लेने पर भी उसमें श्रद्धा होना अत्यंत दुर्लभ है। धर्म की ओर ले जानेवाले सही मार्ग को जानकर भी अनेक लोग उस मार्ग से भ्रष्ट हो जाते हैं।

Faith

Even after getting an opportunity to listen to the holy scriptures, it is extremely difficult to have faith in them because many people despite knowing the right path still go astray.

पुरुषार्थ

कदाचित् धर्म को सुनकर उसमें श्रद्धा हो जाय तो भी समय पालन में पुरुषार्थ होना अत्यंत दुर्लभ है। धर्म में रुचि रखते हुए भी कई लोग उसके अनुसार आचरण नहीं करते।

Exertion

Even after listening to the holy scriptures and believing in them, it is difficult to have enough strength to practise self-control. Many people have faith in religion but they are unable to practise it.

❋ ❋

कर्म शत्रु पर विजय

मनुष्य जन्म को पाकर जो धर्म को सुनता और श्रद्धा करता हुआ उसके अनुसार आचरण करता है, वह तपस्वी नये कर्मों को रोकता हुआ संचित कर्म-रूपी रज को धुन डालता है, आत्मा से हटा देता है।

Victory over Karmas

Having been born as a human being, believing in religion and following it meticulously, an ascetic should practise self-restraint and annihilate the **karmas** completely.

पछतावा

जो इस जन्म में परलोक की हित साधना नहीं करता, उसे मृत्यु के समय पछताना पड़ता है।

Repentence

He who does not endeavour to tread the path of righteousness in this birth, repents at the time of death.

❋ ❋

आराधना

ज्ञान आत्मा को प्रकाशित करता है, तप उसे शुद्ध करता है और संयम पापों का निरोध करता है। इन तीनों की समन्वित आराधना से ही मोक्ष मिलता है, यही जिनशासन में प्रतिपादित है।

Worship

Knowledge enlightens the soul, austerity purifies it and through self-restraint, one gives up the forbidden deeds. These three together beget emancipation according to the declaration of **Jinas**.

प्रतिस्रोत

अनुस्रोत अर्थात् जगत् के प्रवाह में बहना (विषयासक्त रहना) संसार है। प्रतिस्रोत अर्थात् जगत् के प्रवाह के विपरीत चलना (विषयों से विरक्त रहना) संसार सागर से पार होना है।

Against the Current

One who swims along with the current of the worldly life is entangled in the cycle of birth and death. One who swims against it, gets liberated.

कापुरुष

जो बड़ी कठिनाई से मिलता है, जो बिजली की चमक की तरह अस्थिर है, ऐसे मनुष्य जन्म को पाकर भी जो धर्म के आचरण में प्रमाद करता है, वह कापुरुष ही है, सत्पुरुष नहीं।

Unworthy Person

That which is most difficult to acquire and which is transient like the flash of lightning, if such human birth is wasted carelessly by a man, he is an unworthy person and not a noble man.

अनुभव

मैंने सुना है और अनुभव किया है कि बंध और मोक्ष अपनी आत्मा में ही स्थित हैं।

Experience

I have heard and experienced that bondage and liberation lie within one's own self.

❋ ❋

मुक्ति का मार्ग

जिनेश्वरदेव ने ज्ञान, दर्शन, चारित्र और तप को मोक्ष का मार्ग बतलाया है।

Path of Liberation

Lord **Jina** has said that knowledge, faith, conduct and austerity constitute the path of liberation.

❋ ❋

कषाय-विजय

CONQUEST OF PASSIONS

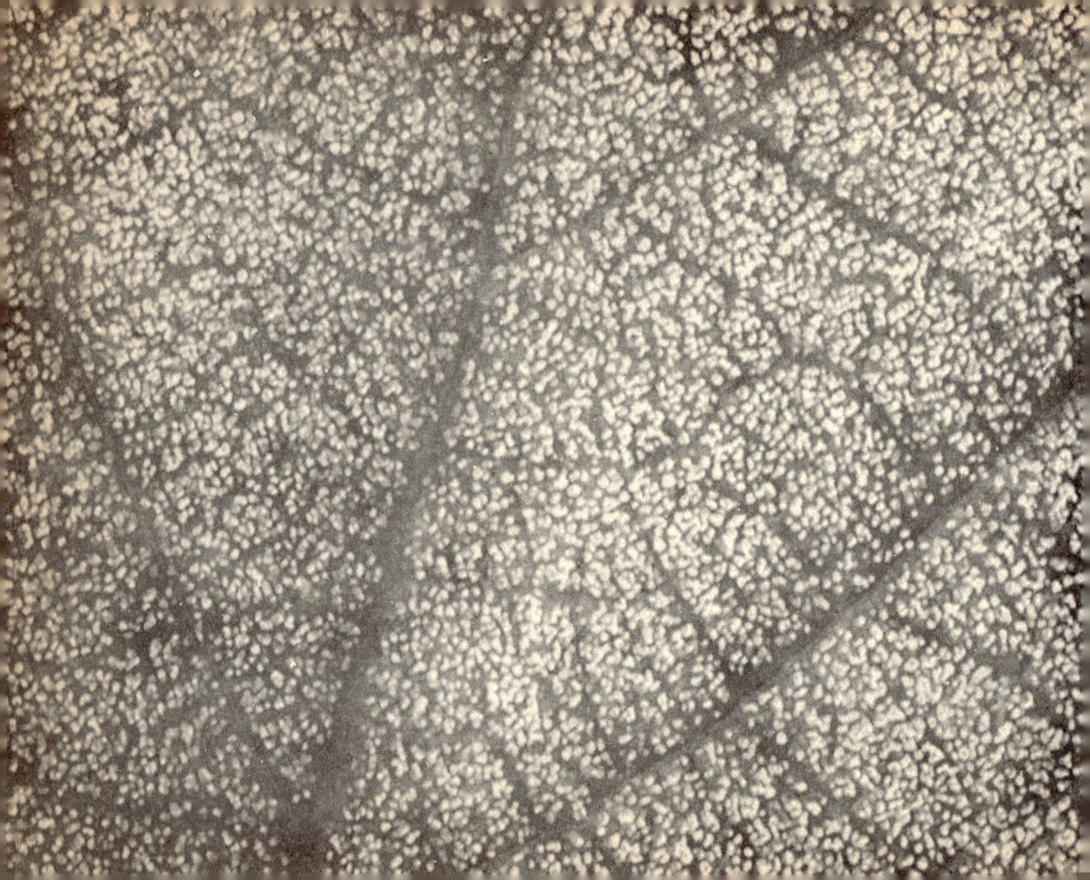

क्रोध

पत्थर पर खींची गई रेखा के समान कभी नहीं मिटनेवाला उग्र क्रोध आत्मा को नरक गति में ले जाता है।

Anger

Intense anger, which lasts forever like a deep crack on a rock, drags the soul to hell.

क्रोध का परिणाम

क्रोध में अंधा हुआ मनुष्य पास में खड़ी माँ, बहन और बच्चे की भी हत्या करने को उतारू हो जाता है।

Blinded by Anger

A person blinded by anger does not hesitate to kill his mother, sister and even his children.

क्रोध रूपी अग्नि

जैसे खलिहान में रखे गए वर्षभर में इकट्ठे किए हुए अनाज को आग की एक चिनगारी जला डालती है, वैसे ही क्रोध रूपी अग्नि श्रमण जीवन के सभी उत्कृष्ट गुणों को जला डालती है।

Fire of Anger

Just as a spark of fire destroys the year-long accumulated stock of grains so also the fire of anger destroys all the excellent qualities of a monk.

चारित्र की हानि

ज्यों-ज्यों क्रोधादि कषाय की वृद्धि होती है, त्यों-त्यों चारित्र की हानि होती है।

Decline of Character

When anger and other passions get more and more inflamed, character begins to decline lower and lower.

प्रीति का नाश

क्रोध प्रीति का नाश करता है।

Destruction of Love

Anger spoils good relations.

कषाय से आसक्त

जो मनुष्य क्रोधी, अविवेकी, अभिमानी, कटुभाषी, कपटी तथा धूर्त हैं, वे अविनीत व्यक्ति नदी के प्रवाह में बहते हुए काठ की तरह संसार के प्रवाह में बहते रहते हैं।

Inflicted by Passions

Those who are short-tempered, ignorant, egoistic, harsh, hypocritical and deceitful drift in the worldly-current as a piece of log in the flow of water.

अहंकार

पत्थर के खम्भे के समान कभी नहीं झुकनेवाला अहंकार आत्मा को नरक गति की ओर ले जाता है।

Pride

Pride, which is unbending like a pillar of stone, drags the soul to hellish existence.

ममता का बन्धन

साधक ममत्व के बन्धन को उसी प्रकार हटा दें जैसे एक महानाग अपने केंचुल को उतार फेंकता है।

Binding by Attachment

An aspirant should shed all attachments as a great snake that sheds off its skin.

❋ ❋

मोह का क्षय

जिस वृक्ष की जड़ सूख गई हो, उसे कितना ही सींचा जाये, वह कभी हरा-भरा नहीं होता। मोह के जीत लिये जाने पर कर्म भी फिर अंकुरित नहीं होते।

Conquering Delusion

The tree, whose roots are arid, will never flower, however much it is watered. So also when delusion is conquered, the fruit of **Karmas** will never surface.

मोह का परिणाम

मोह से जीव बार-बार जन्म-मरण को प्राप्त होता है।

Consequences of Delusion

A person under the influence of delusion suffers in the cycle of birth and death.

❋ ❋

❋ ❋

मोहाग्नि

बाहर से जलती हुई अग्नि को थोड़े से जल से शान्त किया जा सकता है, किन्तु मोह रूपी अग्नि को समस्त समुद्रों के जल से भी शान्त नहीं किया जा सकता।

Fire of Delusion

A little water will suffice to extinguish a physical fire but the waters of all the oceans will not be enough to extinguish the fire of delusions.

माया की गाँठ

जीव जन्म, वृद्धावस्था और मरण से होनेवाले दुःख को जानता है, उनका विचार भी करता है, किन्तु विषयों से विरक्त नहीं हो पाता। अहो ! माया की गाँठ कितनी सुदृढ़ होती है।

Knot of Illusion

Every one knows and thinks about the acute pains of birth, old-age and death; still none develops detachment from sensual pleasures. Oh ! how severe is the knot of illusion.

❋ ❋

❄ ❄

मायावी

भले ही कोई नग्न रहे और घोर तप द्वारा देह को कृश करे, भले ही कोई मास-मास के अंतर से भोजन करे, किन्तु यदि वह मायावी है, तो उसे अनन्त बार गर्भ धारण करना पड़ेगा। वह जन्म और मरण के चक्र में घूमता ही रहेगा।

Deceitful

Even if a person walks about unclad and mortifies his flesh by observing austerities and fasts for months together, if filled with deceit, he will be born an endless number of times.

लोभ

जैसे-जैसे लाभ होता है, वैसे-वैसे लोभ होता है। लाभ से लोभ बढ़ता जाता है। दो माशा सोने से पूर्ण होनेवाला कार्य करोड़ों स्वर्ण-मुद्राओं से भी पूरा नहीं हुआ।

Greed

The more you get, the more you want; greed increases with every gain. A work which could have been done with two grams of gold, is then not done even with millions of grams of gold.

❄ ❄

❋ ❋

अनंत इच्छाएँ

कदाचित् सोने और चाँदी के कैलाश के समान असंख्य पर्वत प्राप्त हो जाएँ, तो भी लोभी पुरुष को उनसे तृप्ति नहीं होती, क्योंकि इच्छाएँ आकाश के समान अनंत हैं।

Endless Desires

If there were numberless mountains of gold and silver as big as mount **Kailāśa,** they would not satisfy an avaricious man; for avarice is boundless like the sky.

लोभ का परिणाम

लोभ के बढ़ जाने पर मनुष्य कार्याकार्य का विचार नहीं करता और अपनी मौत की भी परवाह नहीं करता हुआ चोरी करता है।

Consequence of Greed

Under the influence of greed, a man fails to discriminate between good and evil and indulges in theft without caring even for his own life.

❋ ❋

* *

माया

माया सहस्रों सत्यों को नष्ट कर डालती है।

Illusion

Illusion exterminates thousands of truths.

तृष्णा और मोह

जैसे बलाका (बगुली) अंडे से उत्पन्न होती है और अंडा बलाका से उत्पन्न होता है, उसी प्रकार तृष्णा मोह से उत्पन्न होती है और मोह तृष्णा से उत्पन्न होता है।

Desire and Delusion

Just as a crane is produced from an egg and an egg from a crane, in the same way delusion springs from desire and desire gives birth to delusion.

* *

इच्छा

कदाचित् सोने और चाँदी के कैलाश के समान असंख्य पर्वत मिल जाएँ तो भी मनुष्य को संतोष नहीं होता क्योंकि इच्छा आकाश के समान अनन्त है।

Desire

If there were numberless mountains of gold and silver as big as mount **Kailāśa**, they would not satisfy a greedy person; for desire is endless like the sky.

क्षमा

क्रोध को जीत लेने से क्षमा भाव जाग्रत होता है।

Forgiveness

By conquering anger, the soul attains forgiveness.

अज्ञानी

जो अपनी प्रज्ञा के अहंकार से दूसरों की अवज्ञा करता है, वह व्यक्ति अज्ञानी है।

Ignorant

Who out of pride, humiliates others, is an ignorant person.

संतोष

लोभ को जीत लेने से संतोष की प्राप्ति होती है।

Contentment

By conquering greed, contentment is achieved.

आशा से ग्रस्त

जिस व्यक्ति का चित्त हमेशा लोभ से लंपट रहता है, जिसे कभी संतोष नहीं है, जो सदा हाय-हाय करता रहता है, जो आशा से ग्रस्त है, उसे क्या कभी सुख प्राप्त हो सकता है ?

Inflicted by Desire

One whose mind is always inflicted by greed, who is never content, who always remains mentally anguished, who has unsatiated desires, can he ever obtain happiness ?

वैर का परिणाम

वैरी पुरुष वैर करता है और बाद में दूसरों से वैर बढ़ाकर आनन्दित होता है। परंतु इस प्रकार की तमाम पापमय प्रवृत्तियाँ अंत में दुःखकारक होती हैं।

Consequences of Revenge

A revengeful person creates enmity and then takes delight in being revengeful. This chain continues and brings in its wake endless misery.

❋ ❋

चार दुर्गुण

क्रोध, दुराग्रह, अकृतज्ञता और मिथ्यात्व—इन चार दुर्गुणों के कारण मनुष्य में विद्यमान समस्त गुण नष्ट हो जाते हैं।

Four Blemishes

Anger, prejudice, ungratefulness and wrong faith—these are the four blemishes that destroy all the virtues present in a person.

चार पशु-कर्म

कपट, धूर्तता, असत्य वचन और खोटे तोल माप—ये चार प्रकार के व्यवहार पशु-कर्म हैं। इनसे जीव पशु-योनि में जन्म लेता है।

Four Animal Instincts

Deception, fraud, telling lie and malpractice in trade—these are the four animal instincts which drag the soul to sub-human existence.

❋ ❋

पापों से बचें

विवेकी पुरुष अपने हाथ, पाँव, मन और पाँचों इन्द्रियों को वश में रखे। पापपूर्ण परिणाम एवं भाषा–दोषों से अपने को बचावे।

Away from Evils

An aspirant should keep his mind, five sense-organs, hands and feet under his control and save himself from falling prey to evil thoughts and the use of evil language.

राग और द्वेष

राग और द्वेष कर्म के बीज (मूल कारण) हैं। कर्म मोह से उत्पन्न होता है। कर्म जन्म-मरण का मूल है। जन्म-मरण को दुःख का मूल कहा गया है।

Attachment and Aversion

Attachment and aversion are the seeds (root causes) of **karma**. **Karma** originates from delusion. **Karma** is the root cause of birth and death and these (birth and death) are said to be the source of misery.

चार कषाय

क्रोध, मान, माया और लोभ—ये चारों दुर्गुण पाप की वृद्धि करनेवाले हैं। जो अपनी आत्मा की भलाई चाहे वह इन चारों दोषों को छोड़ दे।

Four Passions

Anger, pride, deceit and greed—these four blemishes escalate sinful deeds. One who desires the welfare of his self should renounce these four evils.

तीव्र कषाय

क्रोध प्रीति को नष्ट करता है, मान विनय को नष्ट करता है, माया (कपट) मैत्री को नष्ट करती है और लोभ सब कुछ नष्ट कर देता है।

Deadly Passions

Anger spoils good relations, pride destroys modesty, deceit destroys amity (friendship) and greed destroys everything.

विश्वस्त नहीं होना

ऋण को थोड़ा, घाव को छोटा, आग को तनिक और कषाय को अल्प मान विश्वस्त होकर नहीं बैठ जाना चाहिये क्योंकि ये थोड़े भी बढ़कर बहुत हो जाते हैं।

Be not Complacent

One should not be complacent with a small debt, a slight wound, a spark of fire and an insignificant passion, because what is insignificant now may soon become uncontrollable.

कषाय को कैसे जीतें ?

क्रोध को उपशम (शान्ति) से, मान को मृदुता से, माया को सरलता से व लोभ को संतोष से जीतें।

How to Conquer Passions ?

Conquer anger by forgiveness, pride by humility, deceit by straight-forwardness and greed by contentment.

* *

कषायरूपी अग्नि

क्रोध, मान, माया और लोभ—ये चार कषायरूपी अग्नियाँ हैं। श्रुत, शील और तप जल हैं। श्रुतादि रूप जलधारा से सिंचित होने पर ये अग्नियाँ मुझे नहीं जलातीं।

Fire of Passions

I experience peace when the fire of four deadly passions is extinguished by the water of scriptural knowledge, noble conduct and austerity.

कषाय का विनाश

जिसके मोह नहीं है, उसने दुःख का नाश कर दिया। जिसके तृष्णा नहीं है, उसने मोह का नाश कर दिया। जिसके लोभ नहीं है, उसने तृष्णा का नाश कर दिया और जो अकिञ्चन है, उसने लोभ का नाश कर दिया।

Destruction of Passions

He who has got rid of delusion has his misery destroyed, he who has got rid of desire has his delusion destroyed, he who has got rid of greed has his desire destroyed and he who owns nothing has his greed destroyed.

* *

जागरूक बनो

ऋण को थोड़ा, घाव को छोटा, आग को तनिक व कषाय को अल्प मान विश्वस्त होकर नहीं बैठ जाना चाहिये क्योंकि ये थोड़े भी बढ़कर बहुत हो जाते हैं।

Be Vigilant

One should not be complacent with a small debt, a slight wound, a spark of fire and insignificant passion, because what is insignificant now may soon become uncontrollable.

मन

MIND

मन

मन ही वह दु:साहसी, रौद्र और दुष्ट अश्व है, जो चारों दिशाओं में दौड़ता है। मैं उसे सुधरे हुए अश्व की तरह धर्म शिक्षा द्वारा नियन्त्रित करता हूँ।

Mind

The mind is that fierce, unruly and dreadful horse which runs hither and thither in all directions. I control it by the discipline of **Dharma** so that it becomes a well-trained steed.

अशांत मन

जैसे बंदर क्षणभर भी शान्त होकर नहीं बैठ सकता, वैसे ही मन भी विषय-वासना मूलक संकल्प-विकल्प से हटकर क्षणभर के लिए भी शान्त नहीं होता।

Unstill Mind

Just as a monkey cannot sit still even for a single moment, so also the mind cannot remain free from evil thoughts even for a single moment.

आत्मा की झलक

मनरूपी जल जब निर्मल एवं स्थिर हो जाता है, तब उसमें आत्मा का दिव्य रूप झलकने लगता है।

Reflection of Soul

When the mind becomes stable like the water of a clear pond, then the reflection of the soul can be seen in it.

मानसिक भाव

जिस-जिस समय जीव जैसे-जैसे भाव करता है, वह उस समय वैसे ही शुभ-अशुभ कर्मों का बंध करता है।

Mental State

Whenever a soul experiences this or that mental state at that very time it gets bound by a corresponding auspicious or inauspicious **karma** respectively.

दोषरहित मन

मन को बुरे विचारों से दूषित न होने दो।

Blemishless Mind

Let not your mind be vitiated by evil thoughts.

मन का वशीकरण

जैसे उन्मत्त हाथी वरत्रा (सांकल) से वश में कर लिया जाता है, वैसे ही मनरूपी हाथी ज्ञानरूपी वरत्रा से वश में कर लिया जाता है।

Control of Mind

The frenzied elephant is controlled and held captive by the chains, so also the unstable mind is controlled and held captive by the chains of knowledge.

सच्चा साधक

जो अपने मन को अच्छी तरह परखना जानता है, वही सच्चा निर्ग्रन्थ साधक है।

Genuine Ascetic

He who can objectively evaluate his inner self is a genuine ascetic **(Nirgrantha)**.

कर्म

KARMA

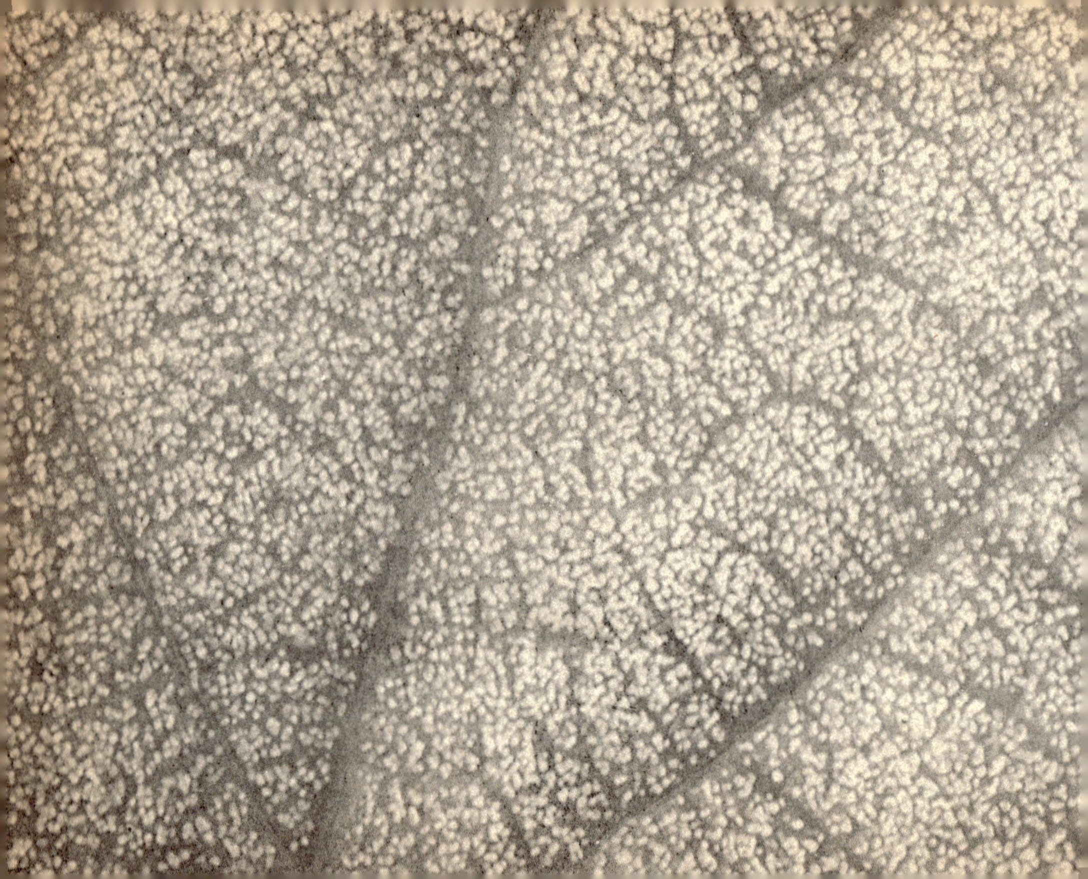

कर्मफल

संसार के सभी प्राणी अपने-अपने संचित कर्मों का फल भोगते हैं। अपने–अपने कर्मों के अनुसार ही वे भिन्न-भिन्न गतियों में भ्रमण करते हैं। फल भोगे बिना उपार्जित कर्मों से प्राणी का छुटकारा नहीं होता।

Fruits of Karmas

All living beings in this world experience individually the fruits of their past **karmas** and wander in different exigencies according to their deeds. Nobody can escape the results of their acquired **karmas**.

कर्मबन्ध

कर्मबंध वस्तु से नहीं, राग और द्वेष के अध्यवसाय (परिणाम) से होता है।

Bondage of Karma

Bondage is not due to materials but it is due to attachment and aversion.

अच्छे व बुरे कर्म

अच्छे कर्मों का फल शुभ होता है।
बुरे कर्मों का फल अशुभ होता है।

Auspicious and Inauspicious Karmas

Auspicious **karmas** bring beneficial results and evil **karmas** bring in harmful results.

राग की मात्रा

राग की जैसी मंद, मध्यम और तीव्र मात्रा होती है, उसीके अनुसार मंद, मध्यम और तीव्र कर्मबन्ध होता है।

Degree of Attachment

Karmic bondage is low, medium or intense in direct proportion to the degree of attachment.

कर्म का फंदा

जो मनुष्य अनेक प्रकार के पाप कृत्यों द्वारा धन का उपार्जन करते हैं, वे कर्म के फंदे में पड़ जाते हैं। वे अनेक जीवों से वैर-विरोध बाँध लेते हैं तथा अंत में सारा धन यहीं छोड़कर नरक में जाते हैं।

Noose of Karmas

Those people who accumulate wealth through various sinful deeds fall into the noose of **karmas.** They subject themselves to the resentment of others, eventually leaving all wealth here go to hell.

रागरहित आत्मा

रागयुक्त आत्मा कर्म का बंध करती है और रागरहित आत्मा कर्मों से मुक्त होती है।

Detached Soul

A soul with attachment binds the **karmas** and a soul free from attachment becomes liberated from **karmas**.

उत्थान और पतन

हिंसा, असत्य, चोरी, कुशील, ममत्व, क्रोध, मान, माया, लोभ, राग, द्वेष, कलह, मिथ्या दोषारोपण, चुगली, असंयम में अनुरक्ति, संयम से विरक्ति, निन्दा, माया-मृषा और मिथ्यात्व—ये अठारह प्रकार के पाप हैं, जिनके सेवन से आत्मा पतन को प्राप्त होती है। इन पापों से विरत होने पर आत्मा उत्थान को प्राप्त होकर मुक्त हो जाती है।

Rise and Fall

Violence, untruth, theft, carnal desire, possessiveness, anger, conceit, deceit, greed, attachment, aversion, engaging in quarrels, character assassination, backbiting, liking for sensual pleasures and dislike for self-restraint, malevolent criticism, indulging in deceptive activities and wrong faith are the eighteen types of sins which cause the soul to fall down into bondage. The soul which remains away from these sins rises high and achieves emancipation.

भावना-सूत्र

REFLECTIONS

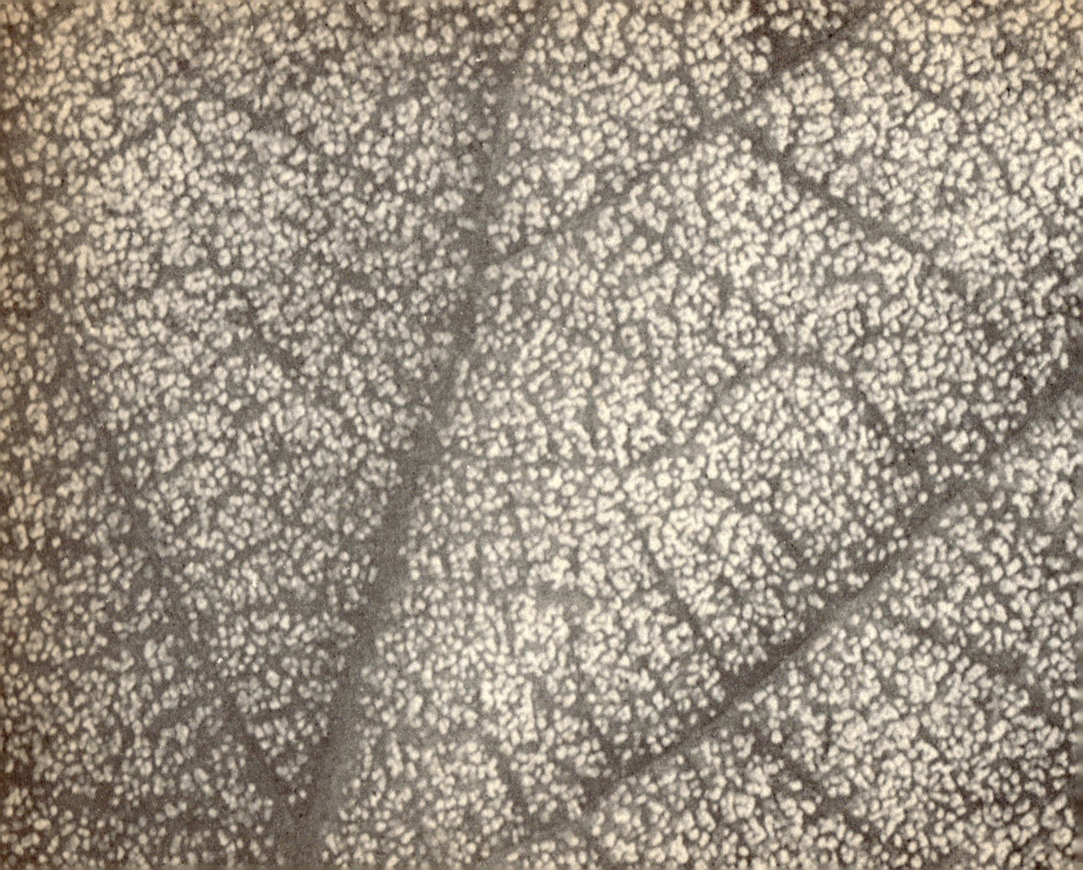

❄ ❄

जीवन की अस्थिरता

एक ही झपाटे में बाज जैसे बटेर को मार डालता है, वैसे ही आयु के क्षीण होने पर मृत्यु जीवन को हर लेती है। बालक और बूढ़े यहाँ तक कि गर्भस्थ शिशु तक चल बसते हैं।

Impermanence of Life

Just as a hawk pounces upon the partridge and makes it bereft of life, so also when the life span of a person comes to an end, death snatches him from life. Young and old, even the child in the womb, are not spared by death.

काम-भोग अनित्य

काल बीतता जा रहा है। रात्रियाँ भागी जा रही हैं। मनुष्यों के कामभोग भी नित्य नहीं हैं। जैसे क्षीण फलवाले वृक्ष को पक्षी छोड़ देते हैं, वैसे ही अशक्त मनुष्य को कामभोग छोड़ देते हैं।

Pleasures are Transient

Time is fleeting and nights are ticking by. The worldly pleasures are not permanent. Just as the birds abandon the tree when it becomes barren, so also pleasures desert a person who becomes incompetent.

❄ ❄

❋ ❋

अशाश्वत

समस्त इन्द्रियाँ, रूप, आरोग्य, यौवन, बल, तेज, सौभाग्य और लावण्य—ये सब शाश्वत नहीं हैं, किन्तु इंद्रधनुष के समान अस्थिर हैं।

Ephemeral

All the senses, beauty, health, youth, vigour, magnificence, fortune and elegance—these are not eternal but ephemeral like a rainbow.

एकाकी

दुःख आ पड़ने पर मनुष्य अकेला ही उसे भोगता है। मृत्यु आने पर जीव अकेला ही परभव में जाता है। इसलिए ज्ञानी पुरुष किसी को शरण रूप नहीं मानते।

Solitary

When in distress, a person has to experience his miseries all alone. After death he goes to the next life all alone. Hence the wise do not consider anyone worth taking shelter under.

❋ ❋

✻ ✻

अपर्याप्त

यदि सारा जगत् और उसका सारा धन भी तुम्हारा हो जाये, तो भी वह तुम्हारे लिए अपर्याप्त ही होगा और न यह सब तुम्हारा रक्षण करने में ही समर्थ होगा।

Unsatisfactory

If the entire universe together with all its wealth is given to you, still it can neither satisfy your craving nor will it be able to protect you.

कोई सहायक नहीं

निश्चय ही अंतकाल में मृत्यु मनुष्य को वैसे ही पकड़कर ले जाती है, जैसे सिंह मृग को ले जाता है। अंत समय में माता-पिता या भाई-बन्धु कोई उसे नहीं बचा सकते।

Helplessness

At the cessation of life, death grabs one's life, as the lion at one scoop takes away a deer. Mother or father or relatives—none can come to one's rescue at this hour.

✻ ✻

* *

कोई आश्रयदाता नहीं

अज्ञानी मनुष्य धन, सम्पत्ति, पशु और ज्ञातिबन्धुओं को अपना आश्रयदाता मानता है और समझता है कि 'ये मेरे हैं और मैं इनका हूँ', किन्तु ये सब रक्षक नहीं हैं और न ही उसको शरण देनेवाले हैं।

None to Protect

An ignorant person believes that wealth, possessions and relatives are his protectors. He says, 'they belong to me and I belong to them'. But they are neither his protectors nor shelter.

क्षणभंगुर

मनुष्य को यह समझना चाहिये कि धन एवं सम्पत्ति, जमीन एवं जायदाद, संतान, बांधव तथा इस देह को भी छोड़कर मुझे एक दिन अवश्य जाना पड़ेगा।

Temporal

One should reflect thus: "One day I have to abandon all the wealth and property, land and estates, gold and ornaments, wife and children, relatives and friends and even my own body."

* *

असंतोष

यदि धन-धान्य से परिपूर्ण यह सारा लोक भी किसी एक व्यक्ति को मिल जाए, तो भी वह उससे संतुष्ट नहीं होगा। (लोभी व्यक्ति की आकांक्षाओं का पूर्ण होना अत्यंत कठिन है।)

Discontent

Even if this whole world full of wealth is given to a man, he will not be contented with that. It is extremely difficult to satisfy the desires of an avaricious man.

धन से त्राण नहीं

प्रमत्त मनुष्य धन द्वारा न तो इस लोक में अपनी रक्षा कर सकता है और न परलोक में। हाथ में दीपक होने पर भी जैसे उसके बुझ जाने पर मार्ग दिखाई नहीं देता, वैसे ही धन में मूढ़ हुआ मनुष्य न्यायमार्ग को नहीं देख पाता।

Wealth cannot Protect

Wealth cannot protect an imprudent person in this birth and the next. Just as an extinguished lamp cannot light the path so also a person who is deluded cannot tread the right path.

रक्षक कौन ?

धन और सहोदर आदि व्यक्ति की रक्षा नहीं कर सकते तथा मनुष्य का जीवन अल्प है—यह जानकर विरक्त होनेवाला व्यक्ति कर्मों से मुक्त हो जाता है।

Who is the Protector ?

Knowing that wealth and relatives are incapable of protecting him and that life is ephemeral, a detached person liberates himself from the **karmic** bondage.

एकत्व-भावना

दूसरे का दुःख कोई नहीं बाँट सकता। प्रत्येक प्राणी अकेला जन्म लेता है, अकेला ही मरता है।

Solitariness of Life

None can share another person's sorrows. Every person is born alone and dies alone.

कोई साथी नहीं

स्त्रियाँ और पुत्र, मित्र और बांधव जब तक व्यक्ति है तब तक ही साथ में रहते हैं। मरने पर वे साथ नहीं आते।

None is Companion

Wives and sons, friends and relatives live with a person as long as he is alive. None accompanies him after his death.

विषय-भोग

संसार के विषय-भोग क्षणभर के लिए सुख देते हैं, किन्तु बले में चिरकाल तक दुःख प्रदान करते हैं। अत्यधिक दुःख और थोड़ा सा सुख देनेवाले हैं। ये संसार मुक्ति के विरोधी तथा अनर्थों की खान है।

Sensuous Enjoyments

Sensuous enjoyments yield momentary pleasures but in return cause prolonged misery. By their very nature, they give maximum sorrow and minimum happiness. They are an obstacle to emancipation and a veritable mine of misfortunes.

इन्द्रिय-विषय

बहुत खोजने पर भी जैसे केले के तने में कोई सार दिखाई नहीं देता, वैसे ही इन्द्रिय विषयों में वास्तविक सुख नहीं दिखाई देता।

Sensory Pursuits

Just as one cannot find any essence in the stem of a plantain tree, so also one can never find true happiness from sensory pursuits.

इन्द्रियाँ

वह व्यक्ति जो भोग-वासनाओं व व्यसनों में आसक्त हो जाता है, उस यात्री की भाँति है जो अपने धृष्ट घोड़े पर नियन्त्रण नहीं कर पाने के कारण अपनी मंजिल पर पहुँच नहीं पाता।

Senses

A person who has fallen prey to sensual enjoyments and vices is like a traveller who is unable to control his roguish horse and fails to reach his desired destination.

निर्जरा

भोग समर्थ होते हुए भी जो भोगों का परित्याग करता है, वह कर्मों की महान् निर्जरा करता है। उसे मुक्तिरूप महाफल मिलता है।

Destruction of Karmas

There is intense destruction of **karmas** when a person capable of enjoying sensual pleasures forsakes them and certainly he attains the greatest benefit of emancipation.

बोधि

हे मनुष्यो ! बोध प्राप्त करो। तुम क्यों बोध प्राप्त नहीं करते ? मृत्यु के बाद संबोधि प्राप्त होना निश्चय ही दुर्लभ है। बीती हुई रातें वापिस नहीं लौटतीं और न ही मनुष्य भव बार-बार सुलभ होता है।

Wisdom

O men ! Achieve wisdom and why don't you attain it ? It is rare to acquire right knowledge after death. The nights that once pass away do not return. Similarly, it is not easy to obtain human birth again and again.

धर्म

RELIGION

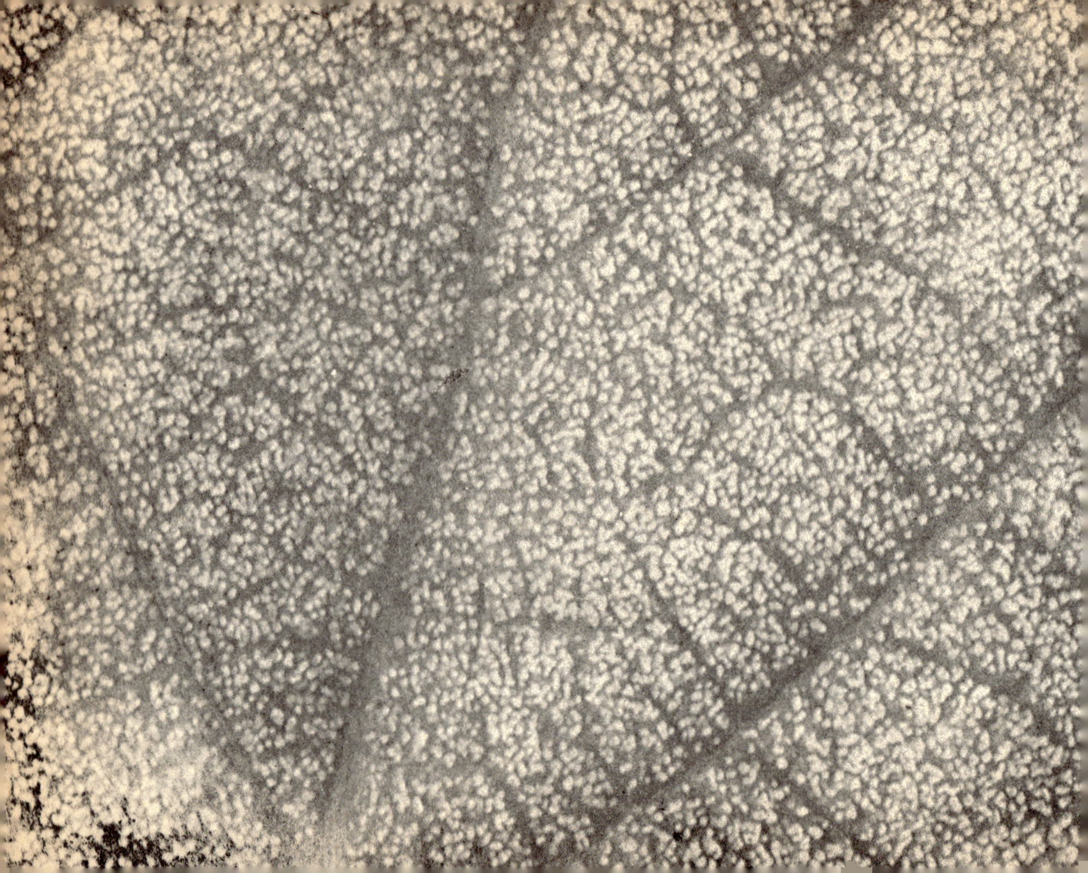

धर्म

धर्म उत्कृष्ट मंगल है। अहिंसा, संयम और तप उसके मुख्य अंग हैं। जिसका मन सदा धर्म में रमता रहता है, उसे देवता भी नमस्कार करते हैं।

Religion

Religion is supremely auspicious. Its constituents are non-violence, self-control and austerity. Even the celestials revere him whose mind is always absorbed in **Dharma**.

धर्म के दश लक्षण

उत्तम क्षमा, मृदुता, सरलता, सत्य, शौच, संयम, तप, त्याग, आकिंचन्य व ब्रह्मचर्य—ये दश धर्म के लक्षण हैं।

Ten Characteristics of Dharma

Supreme forgiveness, humility, straight-forwardness, truthfulness, purity, self-restraint, austerity, renunciation, detachment and continence—these are ten characteristics of **Dharma**.

* *

संयम की श्रेष्ठता

कुछ भी दान न देनेवाले संयमी का संयम उस व्यक्ति की अपेक्षा श्रेष्ठ है जो प्रति मास दश-दश हजार गायों का दान करता है।

Superiority of Restraint

Greater is he who restrains himself, though giving no alms, than he who gives at a time ten thousands of cows every month.

धर्म-द्वीप

जरा और मृत्युरूपी जल के प्रवाह में वेग से बहते हुए प्राणियों के लिए धर्म ही द्वीप, प्रतिष्ठान, गति और उत्तम शरण है।

Island of Dharma

For living beings, who are floating on the currents of old age and death, **Dharma** is the one and only island, the bed-rock, the refuge and the most excellent shelter.

* *

धर्म का आचरण कब करें ?

जब तक बुढ़ापा नहीं सताता, जब तक व्याधियाँ नहीं बढ़तीं और जब तक इन्द्रियाँ अशक्त नहीं होतीं, तब तक धर्म का अच्छी तरह से आचरण कर लेना चाहिये।

When to Practise Religion ?

One should practise religion properly before old age creeps up, before he falls a prey to various diseases and before his senses become feeble.

अज्ञानी का पश्चात्ताप

जिस तरह कोई गाड़ीवान जान-बूझकर समतल विशाल मार्ग को छोड़कर विषम मार्ग में पड़ जाता है और गाड़ी की धुरी टूट जाने से पश्चात्ताप करता है, उसी तरह धर्म के मार्ग को छोड़कर अधर्म में पड़नेवाला अज्ञानी जीवन की धुरी टूट जाने पर मृत्यु के मुख में पड़ा हुआ पश्चात्ताप करता है।

Repentence by the Ignorant

As a cartman who intentionally leaves the smooth highway and gets on a rugged road, repents when the axle breaks, so the ignorant one, who transgresses the path of righteousness and embraces unrighteousness, repents at the time of his death over the broken axle of his life.

असफल रात्रियाँ

जो-जो रात्रियाँ बीत जाती हैं, वे लौटकर नहीं आतीं। अधर्म करनेवाले की रात्रियाँ निष्फल जाती हैं।

Fruitless Nights

The nights that pass will never return. They bear no fruit for him who does not abide by **Dharma**.

सफल रात्रियाँ

जो-जो रात्रियाँ बीत जाती हैं, वे लौटकर नहीं आतीं। धर्म करनेवाले की रात्रियाँ सफल जाती हैं।

Fruitful Nights

The nights that pass will never return. They bear fruit only for him who abides by **Dharma**.

दुर्लभता

विश्व के विमल भोग प्राप्त हो सकते हैं, देवताओं की सम्पत्ति प्राप्त हो सकती है, अच्छे पुत्र व मित्र भी मिल सकते हैं, किन्तु एक धर्म का प्राप्त होना दुर्लभ है।

Rarity

Easily obtainable are the enchanting pleasures of the world and the affluence of the gods, easy also it is to get good sons and friends but difficult it is to beget **Dharma**.

सद्गृहस्थ

वही सद्गृहस्थ है जो किसी की बहुमूल्य वस्तु को अल्प मूल्य देकर नहीं ले, किसी की भूली हुई वस्तु को ग्रहण नहीं करे और अल्प लाभ में संतुष्ट रहे।

Noble Householder

A noble householder is one who does not buy valuable goods at much below their cost price, does not take possession of lost properties and remains satisfied with reasonable profits.

वंदनीय स्त्रियाँ

संसार में ऐसी भी शीलगुणसम्पन्न स्त्रियाँ हैं, जिनका यश सर्वत्र व्याप्त है। वे मनुष्यलोक की देवियाँ हैं और देवों द्वारा भी वंदनीय हैं।

Revered Women

There are many women in the world who are famous everywhere for their purity and chastity. They are like the goddesses on this earth and even revered by gods.

वास्तविक आभूषण

नारी का भूषण शील और लज्जा है। बाह्य आभूषण उसकी शोभा नहीं बढ़ाते।

Real Ornaments

The real ornaments that enhance the beauty of a woman are chastity and modesty; the others are mere appendages.

* *

आजीविका

वह गृहस्थ धन्य है, जो न्यायपूर्वक अपनी आजीविका का निर्वाह करता है।

Livelihood

Noble is that householder who earns his livelihood by fair means.

प्रज्ञा

प्रज्ञा से ही धर्म को परखो और उसीसे तत्त्व का निश्चय करो।

Wisdom

Recognise **Dharma** by wisdom and also ascertain the reality of things by it.

* *

आश्रय

जो अनाश्रित एवं असहाय हैं, उनको आश्रय तथा सहयोग देने में सदा तत्पर रहना चाहिये।

Support

One should always be prepared to give shelter to the shelterless and help to the helpless.

आदर्श पत्नी

पत्नी धर्म में सहायता करनेवाली, साथ देनेवाली, अनुरागयुक्त तथा सुख-दुःख को समान रूप से बाँटनेवाली होती है।

Ideal Wife

An ideal wife is one who helps the cause of **Dharma**, is absorbed in **Dharma** and shares her husband's pleasure and pain equally.

❋ ❋

अभिवृद्धि

तुम ज्ञान, दर्शन, चारित्र, तप, क्षमा और निर्लोभता की दिशा में निरंतर वर्द्धमान (बढ़ते) रहना।

Prosperity

May you prosper with the aid of knowledge, faith, conduct, austerity, forbearance and contentment.

मूलधन

मनुष्य जन्म मूलधन है। देवगति प्राप्त होना लाभ रूप है। मूलधन के विनष्ट होने पर निश्चय ही नरक व पशुगति रूपी हानि प्राप्त होती है।

Capital

Human birth is capital, proper utilisation of this capital begets heavenly world; improper utilisation engenders sub-human existence.

❋ ❋

दया

जिसमें दया की पवित्रता है, वही धर्म है।

Compassion

Purity in compassion is **Dharma**.

सच्चा भिक्षु

जो जाति का, रूप का, लाभ का और श्रुत-ज्ञान का मद नहीं करता, इस प्रकार सब प्रकार के मदों का विवर्जन कर जो धर्म-ध्यान में सदा रत रहता है, वह सच्चा भिक्षु है।

A True Monk

A true monk is one who is not proud of his own lineage, beauty, gains and scriptural knowledge. Thus discarding all pride, he remains deeply immersed in the spiritual contemplation.

श्रमण कौन ?

मात्र शिर मुंडन से कोई श्रमण नहीं होता, सिर्फ ओम् का जाप करने से कोई ब्राह्मण नहीं होता, केवल अरण्य में रहने से कोई मुनि नहीं होता और कुश का वस्त्र पहनने मात्र से कोई तापस नहीं होता।

Who is Śramaṇa ?

One does not become a monk merely by tonsuring, nor a **Brāhmaṇa** only by reciting the **Oṇkāra Mantra**, nor a **Muni** by living in the forest, nor a hermit only by wearing clothes woven out of **Kuśa** grass.

समता से श्रमण

व्यक्ति समता से श्रमण होता है, ब्रह्मचर्य के पालन से ब्राह्मण होता है, ज्ञान से मुनि होता है और तप से तपस्वी होता है।

A Śramaṇa by Equanimity

A person becomes a monk by equanimity, a **Brāhmaṇa** by practising celibacy, an ascetic by acquiring knowledge and a hermit by his austerities.

कर्म से ब्राह्मण

अपने-अपने कर्मों के अनुसार ही व्यक्ति ब्राह्मण, क्षत्रिय, वैश्य या शूद्र बनता है।

A Brāhmaṇa by His Deeds

According to one's deeds, one becomes a **Brāhmaṇa** or a **Kṣatriya** or a **Vaiśya** or a **Śūdra.**

आगम की आँख

अन्य सब प्राणी इन्द्रियों की आँखवाले हैं, किन्तु साधु आगम की आँखवाला है।

Eyes of the Āgamas

Unlike other persons, the self-realised monk sees through the eyes of the **Āgamas.**

दीक्षा

तिनके और सोने में जब सम बुद्धि रहती है, तभी उसे दीक्षा (प्रव्रज्या) कहा जाता है।

Initiation

He who looks at both straw and gold alike, is said to be truly initiated.

कष्ट-सहन

एक मैं ही इन कष्टों से पीड़ित नहीं हूँ किन्तु दुनिया में अन्य प्राणी भी पीड़ित हैं यह सोचकर ज्ञानी पुरुष कष्ट पड़ने पर अम्लान भाव से उन्हें सहन करे।

Suffering Afflictions

"It is not myself alone who suffers but all creatures in the world suffer too", thus a wise man should ruminate and patiently bear the afflictions that befall him, without giving way to his passions.

❋ ❋

साधक

सुव्रती साधक कम खाये, कम पिये और कम बोले।

Aspirant

A self-restrained aspirant should eat, drink and talk less.

त्यागी कौन ?

जो व्यक्ति वस्त्र, गंध, अलंकार, स्त्री और शय्या का उपभोग (उनके नहीं प्राप्त होने से) नहीं करता, वह त्यागी नहीं है। किन्तु जो मनोहर और प्रिय भोग उपलब्ध होने पर भी उनकी ओर से पीठ फेर लेता है और स्वयं इच्छा से भोगों को छोड़ देता है, वही सच्चा त्यागी है।

Renouncer

He who is unable to enjoy apparels, cosmetics, jewellery, women and cosy cushions (because of their non-availability) is not a true renouncer. On the other hand, a person who turns his back to all wordly pleasures and dear objects easily available to him is a true renouncer.

❋ ❋

धर्म के द्वार

क्षमा, संतोष, सरलता और नम्रता—ये चार धर्म के द्वार हैं।

Gateways of Dharma

Forgiveness, contentment, simplicity and modesty—these form the four gateways of **Dharma.**

धर्म की धुरा

धर्म की धुरा को खींचने के लिए धन की क्या आवश्यकता है ? वहाँ तो सदाचार की जरूरत है।

Wheel of Righteousness

Not wealth (but nobility of conduct) is necessary for moving the wheel of righteousness.

श्रावक-धर्म

श्रावक धर्म के बारह प्रकार हैं—पाँच अणुव्रत, तीन गुणव्रत और चार शिक्षा-व्रत।

Religion of a Householder

The twelve kinds of vows prescribed for a householder consist of the five primary vows (**Aṇuvratas**), the three meritorious vows (**Guṇavratas**) and the four disciplinary vows (**Śikṣāvratas**).

पाँच अणुव्रत

हिंसा, असत्य वचन, चोरी, अब्रह्मचर्य तथा परिग्रह—इन पाँच पापों से सीमित मात्रा में विरति अणुव्रत है।

Five Primary Vows

Partial abstinence from violence, falsehood, stealing, carnality and possessiveness are the five primary vows (**Aṇuvratas**).

धर्म कहाँ करें ?

धर्म गाँव में भी हो सकता है और वन में भी। क्योंकि वस्तुतः धर्म का सम्बन्ध न गाँव से है और न वन से ही, वह तो अंतरात्मा से है।

Where to Practise Religion ?

Populous town, village or forest has no relevance to the practice of **Dharma** as it is the self in which **Dharma** abides.

सात कुव्यसन

परस्त्री-गमन, जुआ, शराब, शिकार, कठोर-वचन, कठोर दंड और चोरी—ये सात कुव्यसन हैं, जो एक गृहस्थ के लिए त्याज्य हैं।

Seven Vices

Extra-marital affairs, gambling, drinking, hunting, harsh-speech, cruel punishment and theft—these are the seven vices which a householder must abstain from.

जुआ

आँखो से अंधा मनुष्य, बाकी सब इन्द्रियों से जानता है, किन्तु जुए में अंधा मनुष्य सभी इंद्रियों के होने पर भी कुछ नहीं जान पाता।

Gambling

A blind person is able to apprehend various things through all other senses, but a person who indulges in gambling is unable to apprehend anything, though he possesses all senses.

माँसाहार

माँसाहार से व्यक्ति में दर्प बढ़ता है, दर्प से शराब पीने की इच्छा होती है और फिर वह जुआ खेलता है। इस प्रकार एक माँसाहार से ही वह सारे दोष प्राप्त कर लेता है।

Meat-Eating

Consumption of meat arouses one's passions; this leads him to taking intoxicants and indulging himself in gambling. Thus he falls a prey to all the vices.

अविरोधी

धर्म, अर्थ और काम को भले ही अन्य कोई परस्पर विरोधी मानते हों, किन्तु जिनवाणी के अनुसार यदि वे मर्यादानुकूल व्यवहार में लाये जाते हैं, तो वे अविरोधी हैं।

Non-Contradiction

Some view righteousness, wealth and pleasure as mutually contradictory. However **Jaina** faith propounds that if these are imbibed in a balanced way, then they are non-contradictory.

जीवन सबको प्रिय

सभी प्राणियों को आयुष्य प्रिय है, सुख अनुकूल है, दुःख प्रतिकूल है, वध अप्रिय है, जीवित रहना प्रिय है। सब लम्बे जीवन की कामना करते हैं। प्रत्येक को अपना जीवन प्रिय होता है।

Life is Dear to All

All living beings love their life, they wish to relish pleasure, dislike misery. Nobody likes to be killed; they wish to enjoy life and love to live long. Life is dear to everyone.

अहिंसा

ज्ञानी के ज्ञान का सार यही है कि वह किसी भी प्राणी की हिंसा नहीं करे। अहिंसा और समता—यही शाश्वत धर्म है। इसे समझें।

Non-Violence

Not to kill any living being is the quintessence of all wisdom. Certainly, one has to understand that non-violence and equality constitute eternal **Dharma**.

मैत्री-भाव

सब जीवों के प्रति मैत्री-भाव रखना चाहिये।

Friendliness

One should be friendly towards all creatures.

सत्यवादी

सत्यवादी व्यक्ति माता की तरह विश्वसनीय, गुरु की तरह पूज्य और स्वजन की भाँति सबको प्रिय होता है।

Truthful

A person who speaks the truth becomes trustworthy like a mother, venerable like a preceptor, and dear to everyone like a kinsman.

असत्य-वचन

इस लोक में असत्य-वचन सभी सत्पुरुषों द्वारा निंदित है। सभी प्राणियों के लिए वह अविश्वसनीय है। इसलिए असत्य का त्याग करें।

Falsehood

In this world, falsehood is condemned by all saints. A person who utters a lie is trusted by none. Hence one should give up falsehood.

❋ ❋

चोरी

लोभ के बढ़ने पर मनुष्य उचित-अनुचित का विचार नहीं करता तथा अपनी मौत की भी परवाह नहीं करते हुए चोरी करता है।

Theft

Under the influence of greed, a man fails to discriminate between good and evil and indulges in theft without caring even for his own life.

ब्रह्मचर्य

स्त्रियों के सब अंगों को देखते हुए भी जो उनके प्रति मोहित या आसक्त नहीं होता, वही वास्तव में अत्यन्त कठिन ब्रह्मचर्य व्रत का पालन करता है।

Celibacy

He who is neither infatuated nor attracted even after observing feminine charms, really observes the most difficult vow of celibacy.

❋ ❋

❋ ❋

चोरी के रूप

परधन की इच्छा, उनमें आसक्ति, तृष्णा, गृद्धि, असंयम, परधनहरण, कूटतोल-माप और बिना दी हुई वस्तु लेना—ये सब चोरी के ही रूप हैं।

Forms of Stealing

Attraction for other's property, attachment, desire, non-restraint, greed, malpractices in trade and taking other's articles without permission—all these amount to stealing.

परिग्रह

जीव परिग्रह के निमित्त हिंसा करता है, असत्य बोलता है, चोरी करता है, मैथुन का सेवन करता है और अत्यधिक आसक्ति करता है। इस तरह परिग्रह पापों की जड़ है।

Possessiveness

It is on account of attachment that a person commits violence, utters lies, commits theft, indulges in sex and develops a yearning for unlimited hoardings.

❋ ❋

मूर्च्छा

मूर्च्छा ही परिग्रह है।

Attachment

Attachment is possessiveness.

अनासक्ति

जिस प्रकार कीचड़ में पड़ा हुआ सोना कीचड़ से लिप्त नहीं होता, उसी प्रकार ज्ञानी संसार के पदार्थों में आसक्त नहीं रहने के कारण कर्म करता हुआ भी लिप्त नहीं होता। किन्तु जिस प्रकार लोहा कीचड़ में पड़कर जंग-ग्रस्त हो जाता है, वैसे ही अज्ञानी राग-भाव के कारण कर्म करता हुआ लिप्त हो जाता है।

Detachment

Just as gold fallen in the sludge remains untainted, so also a self-realised person even while doing his worldly duties is not tainted by **karmas**. On the other hand, just as iron gets rusty when it falls in the sludge, so also an ignorant person due to attachment while doing his duties, is bound by **karmas**.

तटस्थ भाव

साधक न जीने की आकांक्षा करे और न मरने की कामना करे। वह जीवन और मरण दोनों में ही किसी तरह की आसक्ति न रखे, तटस्थ भाव से रहे।

Non-Attachment

A spiritual aspirant should neither cherish a desire to live nor long for death. He should remain neutral and have non-attachment for life as well as death.

सही अनशन-तप

वास्तव में वही अनशन-तप सही है, जिससे मन में अमंगल की चिंता उत्पन्न न हो, इन्द्रियों की हानि (शिथिलता) न हो तथा मन, वचन व काया रूप योगों की हानि (गिरावट) न हो।

True Fasting

That fasting is auspicious when the person observing it does not entertain any inauspicious thought, when his senses do not become weak and when the activities of his mind, speech and body remain unimpaired.

सर्वश्रेष्ठ यज्ञ

तप ज्योति है, जीव ज्योतिस्थान है, मन, वचन व काया के योग कड़छी है, शरीर कारीषांग (गोबर के कंडे) है, कर्म जलाया जानेवाला ईंधन है, संयम-योग शान्ति-पाठ है। मैं इस प्रकार का यज्ञ करता हूँ जिसे ऋषियों ने श्रेष्ठ बताया है।

The Greatest Sacrifice

I perform the sacrifice which has been regarded as the greatest by the sages wherein austerity is the fire, the self is the hearth, right exertion is the sacrificial ladle, **karma** is the fuel, self-restraint and tranquillity are the oblations.

कर्मों की निर्जरा

जैसे एक विशाल तालाब में पानी आने के मार्गों के रोक दिये जाने पर, उसमें संचित जल उलीचने से समाप्त हो जाता है, उसी प्रकार एक संयमी पुरुष के नवीन पाप-कर्मों के प्रवाह के रोक दिये जाने पर, करोड़ों भवों के संचित कर्म तप द्वारा विनष्ट हो जाते हैं।

Annihilation of Karmas

As a large tank, when its supply of water has been blocked, gets gradually drained by consumption so do the **karmas** of a self-restrained monk accumulated over millions of births get annihilated by austerities, if there is no fresh influx of **karmas.**

✻ ✻

सहनशीलता

सज्जन पुरुष दुर्जनों के निष्ठुर, अपमानजनक एवं कठोर वचन भी समभावपूर्वक सहन करते हैं।

Patience

Noble persons patiently bear the harsh, wounding and humiliating utterences of the wicked.

धैर्यसम्पन्न

वह कौन-सा कठिन कार्य है जिसे धैर्यशील व्यक्ति सम्पन्न नहीं कर सकता ?

The Courageous

No task daunts the courageous.

✻ ✻

समता भाव

तिनके और सोने में, शत्रु और मित्र में समभाव रखना ही सामान्यिक है।

Equality

To treat as equal a piece of straw and gold, a friend and a foe constitutes **Sāmānyika** (equality).

उत्तम क्षमा

देव, मनुष्य और पशुओं द्वारा घोर व भयंकर उपसर्ग पहुँचाये जाने पर भी जो क्रोध से तप्त नहीं होता, उसके उत्तम क्षमाधर्म साधित होता है।

Perfect Forgiveness

His forbearance is perfect, who does not get excited with anger even when terrible afflictions are caused to him by celestials, human beings and animals.

क्षमा-भावना

मैं सब जीवों को क्षमा करता हूँ। सब जीव मुझे क्षमा करें। मेरा सब प्राणियों के प्रति मैत्री-भाव है। मेरा किसी से भी वैर नहीं है।

Forgivance

I forgive all living beings, may all living beings forgive me. I cherish friendliness towards all and harbour enmity towards none.

क्षमा

क्रोध को जीत लेने से क्षमा-भाव जाग्रत होता है।

Forgiveness

When anger is conquered, the spirit of forgiveness springs in the soul.

सारल्य

जो चित्त में कुटिल विचार नहीं लाता, कुटिल कार्य नहीं करता, कुटिल वचन नहीं बोलता और अपने दोषों को नहीं छिपाता, उसके आर्जव-धर्म (सारल्य) सिद्ध होता है।

Straight-Forwardness

He who does not think crookedly, does not act crookedly, does not speak crookedly and does not hide his own weaknesses, observes the virtue of straight-forwardness.

धीर पुरुष !

हे धीर पुरुष ! आशा, तृष्णा और स्वच्छंदता का त्याग कर।

Serene One !

O Serene One ! Give up all expectations, desires and prodigality.

अभिमानी

अभिमानी पुरुष सबका वैरी हो जाता है। वह इस लोक और परलोक में निश्चय ही कलह, वैर, भय, दुःख और अपमान को प्राप्त होता है।

Proud

A person who is proud is disliked by all. He definitely confronts conflicts, enmity, fear, grief and disrespect in this world and the next.

गोपनीय बात

किसी की कोई गोपनीय बात हो, तो उसे नहीं कहना चाहिए।

Secrets

One should not reveal the secrets of others.

* *

नम्रता

अभिमान को जीत लेने से मृदुता (नम्रता) उत्पन्न होती है।

Modesty

When pride is overcome, a person becomes modest.

संतुष्ट

जो अपने प्राप्त लाभ में संतुष्ट रहता है, और दूसरों के लाभ की इच्छा नहीं करता, वह सुखपूर्वक सोता है।

Content

A person who is content and does not desire a share in other's profits sleeps happily.

* *

अभय-दान

मृत्यु-भय से भयभीत जीवों की रक्षा करना अभय-दान है। यह सब दानों का शिरोमणि है।

Protection to All

Giving protection to living beings in fears of death is known as **Abhayadāna**, which is supreme amongst all charities.

दान

दान चार प्रकार का है—आहार, औषध, शास्त्र-ज्ञान और अभय। यह चार प्रकार का दान गृहस्थों के लिए देने योग्य कहा गया है।

Charity

Charity is of four kinds: Food, medicines, scriptural knowledge and protection to living beings. This four-fold charity is declared worthy of performance.

शिक्षा एवं स्वाध्याय

LEARNING AND MEDITATION

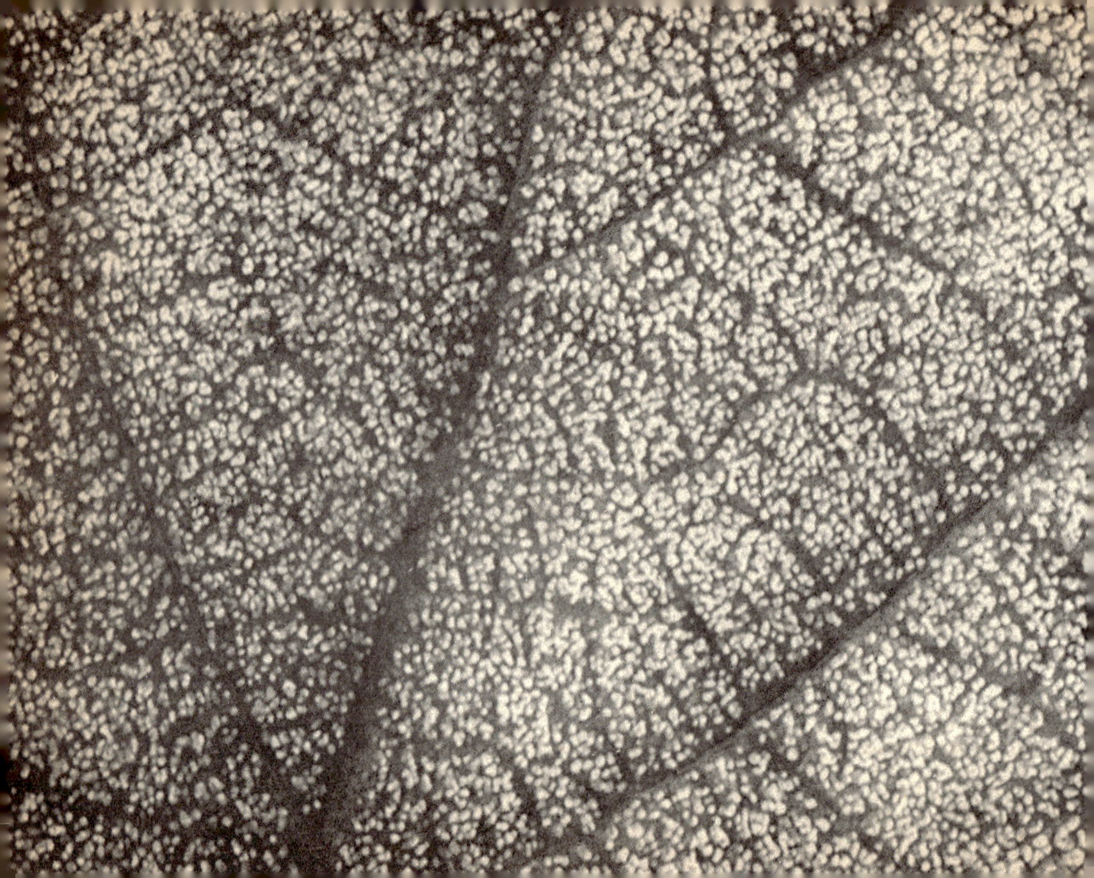

स्वाध्याय

आंतरिक व बाह्य बारह प्रकार के तपों में स्वाध्याय के समान तप न तो है, न हुआ है और न होगा।

Scriptural Study

Among the twelve internal and external austerities, there is none that equals or will be equal to the study of scriptures.

स्वाध्याय से लाभ

स्वाध्याय से आत्म-हित का ज्ञान, बुरे विचारों का निवारण, नित्य नया वैराग्य, चारित्र में मजबूती, तप, उत्तम विचार व परोपकार की भावना जाग्रत होती है।

Benefits of Scriptural Study

Svādhyāya enables one to acquire knowledge of the self, subjugation of evil thoughts, inclination for renunciation, strength of conduct, austerity, supreme disposition and benevolence.

धर्म का आधार

विनय जिन – शासन का आधार है। संयम तथा तप से विनीत बनना चाहिये। जो विनय से रहित है, उसका कैसा धर्म और कैसा तप ?

Basis of Faith

Humility is the foundation of Jaina faith. The practice of self-restraint and austerity should make one humble and modest. To a person who is not humble, righteousness and austerity are of no avail.

आज्ञाकारी

जो शिष्य आज्ञाकारी हैं, शास्त्रों के ज्ञाता हैं और विनयशील हैं, वे इस दुस्तर संसार-सागर को तैरकर कर्मों का क्षय करते हैं और उत्तम गति को प्राप्त करते हैं।

Obedient

Disciples who are obedient, who are well-versed in religion and who are humble traverse the difficult ocean of birth and death and attain emancipation.

विनय

विनय स्वयं तप है और वह आभ्यंतर तप होने से श्रेष्ठ धर्म है।

Humility

Humility is itself austerity and being an internal austerity, it is great **Dharma**.

सुविनीत

अविनीत को विपत्ति प्राप्त होती है और सुविनीत को सम्पत्ति—ये दो बातें जिसने जान ली हैं, वही शिक्षा प्राप्त कर सकता है।

Modest

He who is modest gains knowledge and he who is arrogant fails to gain it. Only he who knows these two axioms can be educated and enlightened.

विद्या एवं विनय

विनयपूर्वक पढ़ी गई विद्या, लोक-परलोक में सर्वत्र फलवती होती है। विनयहीन विद्या उसी प्रकार निष्फल होती है, जिस प्रकार जल बिना धान्य की खेती।

Learning and Humility

Learning tempered with humility is beneficial in this world and the next. Just as a plant cannot grow without water, learning will not be fruitful without humility.

चंचल चित्त

जो बाँधने पर भी एक स्थान पर स्थिर नहीं रहता, रोकने पर भी चारों ओर घूमता ही रहता है, वह चंचल चित्त ध्यान के द्वारा ही शान्त होता है।

Fleeting Mind

The irresolute and fleeting mind which is difficult to be controlled becomes steadfast and tranquil by meditation.

श्रुत-ज्ञान

शास्त्रों के अध्ययन के द्वारा ज्ञान और चित्त की एकाग्रता मिलती है। व्यक्ति स्वयं धर्म में स्थिर होता है और दूसरों को भी स्थिर करता है तथा श्रुतसमाधि प्राप्त करता है।

Scriptural Study

By scriptural study, one acquires knowledge, has concentration of mind, is fixed in religion and helps others to be so fixed. Thus he gets absorbed in contemplation of **Sūtras**.

पाँच बाधाएँ

अभिमान, क्रोध, प्रमाद, रोग और आलस्य—इन पाँच बाधाओं के कारण शिक्षा प्राप्त नहीं होती।

Five Obstacles

Pride, anger, carelessness, illness and idleness—these are the five obstacles in the path of acquiring knowledge.

विषैले काँटोंवाली लता

जिस प्रकार विषैले काँटोंवाली लता से वेष्टित होने पर अमृत वृक्ष का भी कोई आश्रय नहीं लेता, उसी प्रकार दूसरों का तिरस्कार करनेवाले विद्वान् को भी कोई नहीं पूछता।

Thorny Creepers

Just as no one seeks shelter under a tree surrounded by thorny creepers although laden with sweet fruits, so also none prefers the company of a scholar who abuses others.

अध्ययन के योग्य नहीं

चार प्रकार के पुरुष शास्त्राध्ययन के योग्य नहीं होते—अविनीत, चटोरा, झगड़ालू और धूर्त।

Unfit for Instruction

Four types of people are not worthy of acquiring scriptural knowledge—the vain, the greedy, the quarrelsome and the deceitful.

आचार्य

जैसे एक दीप से सैकड़ों दीप जल उठते हैं और वह स्वयं भी जलता रहता है, वैसे ही आचार्य दीपक के समान होते है, वे स्वयं प्रकाशमान रहते हैं और दूसरों को भी प्रकाशित करते हैं।

Āchāryas

Just as a lamp lights hundreds of other lamps and yet remains lighted so are the **Āchāryas** who enlighten others and remain enlightened themselves.

विवेक

विवेकपूर्वक चलनेवाला, विवेकपूर्वक खड़ा होनेवाला, विवेकपूर्वक बैठनेवाला, विवेकपूर्वक सोनेवाला, विवेकपूर्वक भोजन व बातचीत करनेवाला व्यक्ति पाप-कर्म का बंधन नहीं करता।

Discretion

An aspirant, who is vigilant while standing, vigilant while sitting, vigilant while sleeping, vigilant while eating and vigilant while talking is not bound by evil **Karmas**.

❄ ❄

निर्लेप

यदि साधक प्रत्येक कार्य विवेकपूर्वक करता है, तो वह जल में कमल की भाँति जगत् में निर्लेप रहता है।

Uncontaminated

If an aspirant is vigilant in all his activities, he remains uncontaminated like the lotus in water.

वक्ता के गुण

आत्मार्थी पुरुष यथार्थ, परिमित, संदेहरहित व परिपूर्ण वचन बोले। उसके वचन वाचालतारहित व किसी को भी उद्विग्न करनेवाले न हों।

Qualities of Speaker

A wise ascetic should speak exactly what he has seen; his speech should be brief, free from ambiguity and clearly expressed. His speech should neither be deceptive nor cause anxiety to anyone.

❄ ❄

वाणी-विवेक

साधक बिना पूछे न बोले, गुरुजन वार्तालाप कर रहे हों तब बीच में न बोले, दूसरों की चुगली न खाए और कपटयुक्त असत्य का त्याग करे।

Restraint in Speech

A wise person neither speaks without being asked nor should he interrupt when another person is speaking. He should not indulge in back-biting others and should avoid deceitful untruth.

बुद्धि से परखना

पहले बुद्धि से परखकर फिर बोलना चाहिये। अन्धा व्यक्ति जिस प्रकार पथ-दर्शक की अपेक्षा रखता है उसी प्रकार वाणी बुद्धि की अपेक्षा रखती है।

Guidance of the Intellect

One should speak after ripe reflection. Just as a blindman needs the help of a guide to show him the path, speech also requires the guidance of the intellect.

वचन का उद्देश्य

वचन की फलश्रुति है—अर्थज्ञान। जिस वचन के बोलने से अर्थ का ज्ञान नहीं हो उस वचन से क्या लाभ?

Purpose of Speech

The purpose of speech is to impart the truth. That speech is fruitless which does not throw light on the truth.

वाणी का विनय

हितकारी, मधुर, संक्षिप्त और विचारपूर्वक बोलना वाणी का विनय है।

Proper Speech

That speech is proper which is beneficial, moderate, measured and affable.

❄ ❄

सीख

आलसी सुखी नहीं हो सकता, निद्रालु विद्याध्यायी नहीं हो सकता, ममत्व रखनेवाला वैराग्यवान् नहीं हो सकता और हिंसक दयालु नहीं हो सकता।

Instruction

An indolent person can never be happy, a lethargic can never acquire knowledge, a person with attachment can never acquire renunciation and one who has a violent attitude cannot be compassionate.

अवसर बार-बार नहीं

सद्बोध प्राप्त करने का अवसर बार-बार मिलना सुलभ नहीं।

Opportunity not Again and Again

It is not possible to get enlightenment again and again.

❄ ❄

जाग्रत

मनुष्यो ! सतत जाग्रत रहो। जो जागता है, उसकी बुद्धि बढ़ती है। जो सोता है, वह धन्य नहीं है। धन्य वह है जो सदा जागरूक रहता है।

Vigilant

Oh men ! always be vigilant. He who is vigilant gains more and more knowledge. He who is invigilant is not blessed. Blessed is he who always remains vigilant.

अविलम्ब

विलम्ब मत करो ! जो कार्य कल करोगे, वह आज ही कर लो। क्योंकि निर्दयी मृत्यु किसी भी क्षण आकर दबोच लेगी।

Immediacy

Do not procrastinate. What you have to do tomorrow, do it today itself, for lurking death may lay its cruel hands on you at any moment.

❋ ❋

निर्भय

जिसके हृदय में संसार के प्रति वैराग्य उत्पन्न करनेवाली, शल्य-रहित, दंभ-शून्य, मेरू पर्वत के समान निष्कंप और दृढ जिनभक्ति है, उसे संसार में किसी का भय नहीं है।

Fearless

A person who has firm devotion towards **Jina** like the steady mountain **Merū,** has inclination for renunciation and is free from defects of conduct, will have no fear in this world.

आहार

साधक स्वाद या आनंद के लिए आहार नहीं करते; वे स्वाध्याय में प्रवृत्ति के लिए आवश्यक हो, उतना मात्र ही आहार करते हैं।

Diet

The noble aspirants do not consume food for taste or pleasure; they regulate their diet solely for religious pursuits.

❋ ❋

सरस भोजन

अधिक रसयुक्त भोजन आत्मार्थी पुरुष के लिए तालपुट (तत्काल प्राणघातक विष) की तरह होता है।

Flavoured Food

Excessively flavoured food is an instant poison for an aspirant.

स्वयं अपने वैद्य

जो व्यक्ति हिताहारी, मिताहारी और अल्पाहारी हैं, उन्हें किसी वैद्य से चिकित्सा कराने की आवश्यकता नहीं पड़ती। वे स्वयं ही अपने वैद्य हैं, चिकित्सक हैं।

Own Physicians

Those who take wholesome and healthy food, in lesser quantity, never fall sick and do not need the services of a physician. They are their own physicians.

रात्रि भोजन वर्जनीय

रात्रि को भोजन करना वर्जनीय है।

Night Food Prohibited

Intake of food after sunset is prohibited.

संगति

संगति से ही बोधि की वृद्धि होती है और संगति से ही वह नष्ट हो जाती है। जैसे कमल के संसर्ग से जल सुगंधित हो जाता है और अग्नि आदि के सम्बन्ध से उष्ण और विरस।

Company

The company of the pious enhances one's wisdom and the company of the wicked distorts one's understanding. Just as water becomes aromatic in contact with fragrant lotus, but tepid and tasteless in contact with fire.

कल्याणकारी मित्र

जितेन्द्रिय व ज्ञानवान् साधक अहिंसा एवं सम्यक्त्व को ठीक प्रकार से जानकर सदैव कल्याणकारी मित्र का ही साथ करें।

Wise Friend

Knowing righteousness and non-violence in its entirety, the equanimous and restrained aspirant should always seek the company of the wise friend.

दुर्जन

दुर्जन की संगति करने से सज्जन का भी महत्त्व गिर जाता है, जैसे कि मूल्यवान् माला मुर्दे पर डालने से निक्कमी हो जाती है।

The Wicked

The reputation of a noble person gets tarnished in the company of the wicked people just as a fragrant garland becomes worthless when offered to a dead body.

दुर्विनीत

जो व्यक्ति दुर्विनीत है, उसे सदाचार की शिक्षा नहीं देनी चाहिये। भला जिसके हाथ-पैर कटे हुए हैं, उसे अलंकार क्यों दिये जायें ?

Immodest

A person who is not modest should not be instructed about right conduct; of what use are the ornaments for the person whose hands are muted ?

ध्यान

जैसे मनुष्य के शरीर में सिर और वृक्ष में उसकी जड़ मुख्य है, वैसे ही साधु के समस्त धर्मों का मूल ध्यान है।

Meditation

Just as the head is most important to the body and the roots to a tree, meditation is fundamental to all religious practices of a monk.

सामायिक

जीवन और मरण, लाभ और हानि, संयोग और वियोग, मित्र और शत्रु तथा सुख और दुःख में राग-द्वेष रहित भाव ही सामायिक है।

Sāmāyika (Equanimity)

Sāmāyika is to be devoid of attachment and aversion and to be indifferent to life and death, gain and loss, fortune and misfortune, friend and foe, joy and sorrow.

ध्यान-रूपी अग्नि

जैसे चिरसंचित ईंधन को वायु से उद्दीप्त अग्नि तत्काल जला डालती है, वैसे ही ध्यान-रूपी अग्नि अपरिमित कर्म-ईंधन को क्षणभर में भस्म कर डालती है।

Fire of Meditation

Just as fire fanned by powerful winds destroys heaps of firewood in no time, so also the fire of meditation destroys heaps of **Karmas** in a moment.

ध्यान का फल

जिसका मन ध्यान में लीन है, वह पुरुष कषाय से उत्पन्न ईर्ष्या, विषाद, शोक आदि मानसिक दुःखों से पीड़ित नहीं होता।

Fuits of Meditation

A person whose mind is absorbed in meditation is not perturbed by jealousy, dejection and grief, nor by miseries born of passions.

विविध

MISCELLANEOUS

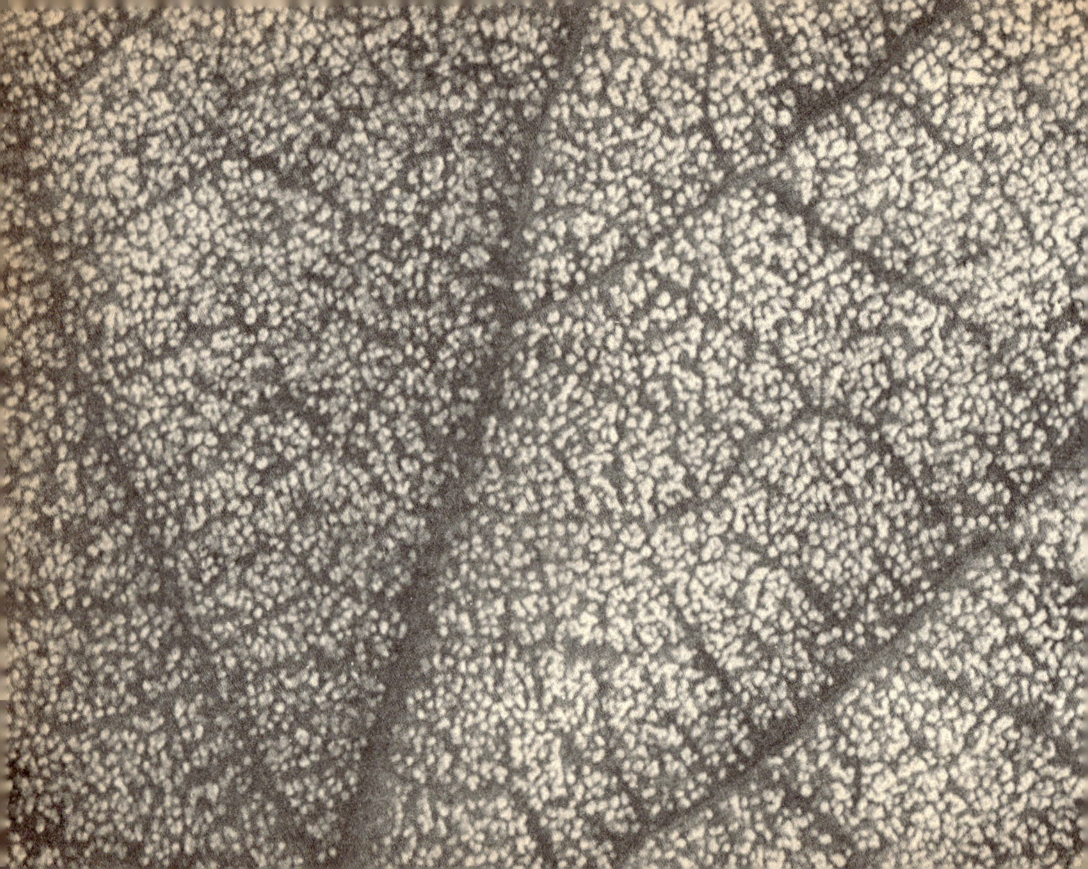

पुत्र

चार प्रकार के पुत्र होते हैं—

कुछ पुत्र गुणों की दृष्टि से अपने पिता से बढ़कर होते हैं, कुछ पिता के समान होते हैं, कुछ पिता से हीन होते हैं और कुछ पुत्र वंश का सर्वनाश करनेवाले—कुलांगार होते हैं।

Sons

There are four types of sons:

Some are more virtuous than their fathers, some are evenly matched, while some are more worthless than their fathers and some sons are so lacking in character that they bring disgrace to the family.

भेंट

चार प्रकार की संगति—

कुछ मनुष्यों की भेंट अच्छी होती है, किन्तु सहवास अच्छा नहीं होता। कुछ का सहवास अच्छा रहता है, भेंट नहीं। कुछ की भेंट भी अच्छी होती है और सहवास भी अच्छा होता है। कुछ का न सहवास अच्छा होता है और न भेंट ही अच्छी होती है।

Meetings

Meetings are of four kinds:

With some an encounter may be pleasant but their company may not be good, while with some others an encounter may not be pleasant but their company may be enriching. However, with some the encounter as well as their company are rewarding while with some others the encounter as well as their company are harmful.

चार प्रकार के दानी

मेघ के समान दानी भी चार प्रकार के होते हैं—कुछ बोलते हैं देते नहीं। कुछ देते हैं किन्तु कभी बोलते नहीं। कुछ बोलते भी हैं और देते भी हैं। कुछ न बोलते हैं और न देते हैं।

Four Types of Philanthropists

Like the clouds, philanthropists are of four kinds—some talk proudly of donating but do not donate, some donate liberally but do not utter a word about it, some donate as well as indulge in self-appraisal while some others neither speak nor donate.

मानवीय गुण

सरलता, विनम्रमा, दयालुता, अमत्सरता—ये चार तरह के व्यवहार मानवीय गुण हैं, जिनसे मनुष्य-भव प्राप्त होता है।

Human Virtues

Simplicity, humility, compassion and serenity—these are the four virtues that enable the soul to acquire human existence.

अभव्य

अभव्य जीव कितने ही शास्त्रों का अध्ययन कर ले, किन्तु फिर भी वह अपना स्वभाव नहीं छोड़ता। साँप चाहे कितना ही दूध पी ले, किन्तु अपना विषैला स्वभाव नहीं छोड़ता।

Non-Liberatable

A non-liberatable person may study innumerable scriptures but he remains unable to shed his wicked nature. However much milk a snake may drink, it is unable to give up its poisonous nature.

गुप्त पाप

जिस प्रकार कोई छिपकर विष पी लेता है, तो क्या वह उस विष से नहीं मरेगा ? अवश्य मरेगा। उसी प्रकार जो छिपकर पाप करता है, तो क्या वह उससे दूषित नहीं होगा ? अवश्य होगा।

Secret Sin

Will a person who drinks poison in secrecy not die ? Surely he will die. So also will a person who sins in secrecy not get corrupted ? Surely he will.

उच्च और नीच कुल

यह पुरुष अनेक बार उच्च और नीच गोत्रों को भुगत चुका है। अतः न यहाँ कोई उच्च है न नीच। इसलिए वह उच्च गोत्र की स्पृहा न करे। इस सच्चाई को जान लेने पर कौन गोत्रवादी होगा ? कौन मानवादी होगा ? और कौन किसी गोत्र में आसक्ति दिखायेगा ?

High and Low Caste

Every person has been born several times in high caste as well as in low caste ; hence none is either high or low. After knowing this, who will feel proud of taking birth in respectable of high castè ? And who will evince attachment to any particular caste ?

वर्तमान क्षण

जो क्षण वर्तमान में उपस्थित है, वही महत्त्वपूर्ण है, यह जानकर उसे सफल बनाना चाहिए।

Present Moment

The present moment is important, strive to make it fruitful.

❋❋❋❋❋❋❋❋❋❋❋❋❋❋❋❋❋❋❋❋❋❋❋❋❋❋❋❋❋❋❋❋

दुःशील

जैसे सड़े हुए कानोंवाली कुत्तिया सभी स्थानों से निकाली जाती है, उसी तरह दुःशील एवं गुरुजनों के प्रतिकूल आचरण करनेवाला और वाचाल व्यक्ति सभी स्थानों से अपमानपूर्वक निकाल दिया जाता है।

Ill-Natured

Just as a diseased bitch is driven away from everywhere, so also the ill-natured, insubordinate and talkative disciple is expelled disgracefully from all places.

तिरस्कार

जो दूसरों का तिरस्कार करता है, वह दीर्घकाल तक जन्म व मरण के चक्र में भटकता रहता है।

Humiliation

He who scorns others wanders aimlessly in the cycle of births.

❋❋❋❋❋❋❋❋❋❋❋❋❋❋❋❋❋❋❋❋❋❋❋❋❋❋❋❋❋❋❋❋

गोपनीय

भिक्षु कानों से बहुत-सी बातें सुनता है और आँखों से बहुत कुछ देखता है। किन्तु ये सारी बातें लोगों को कहना उचित नहीं मानते।

Secrecy

A monk hears many things with his ears and sees many things with his eyes but it is not proper to reveal all such things in public.

व्यर्थ प्रलाप

"यह मेरा है और यह मेरा नहीं है, यह मैंने किया है और यह मैंने नहीं किया"—इस प्रकार वृथा प्रलाप करते हुए ही कालरूपी चोर प्राणों को हर लेता है। फिर धर्म में यह प्रमाद क्यों ?

Futile Gossips

"I have this and not that, I have done this and not that", even while a man fondles such thoughts, death lays its jaws on him. Why then should a person be indolent ?

❋ ❋

परदोष दर्शन

दुर्जन अपने बड़े दोषों को जानते हुए भी अनदेखा कर देता है किन्तु दूसरों के राई जैंसे छोटे दोषों को भी पर्वत जैसा बड़ा बना देता है।

Seeing Other's Faults

The wicked does not make light of his own major faults but invariably blows out of proportion even the minor faults of others.

पछतावा

जो समय पर अपना कार्य कर लेते हैं, वे बाद में नहीं पछताते।

Remorse

Those who exert themselves at the proper time, do not repent afterwards.

❋ ❋

सेवा

सेवा (वैयावृत्त्य) से आत्मा तीर्थंकर होने जैसे उत्कृष्ट पुण्य कर्म व गोत्र का उपार्जन करती है।

Service

By service one acquires the meritorious **karmas** which bring about for him the form and status of a **Tīrthaṅkara**.

अप्रमाद

जैसे कुश की नोंक पर ओस-बिन्दु कुछ ही समय के लिए टिकता है, मानव जीवन भी वैसा ही अस्थिर है। हे जीव ! तू क्षणभर के लिए भी प्रमाद मत कर।

Carelessness

As dew drops last but for a while on the tips of **Kuśa** grass (a species of grass), so is the life of man. Oh man ! be not careless even for a while.

निर्लिप्त

जैसे कमल शरद ऋतु के निर्मल जल से भी निर्लिप्त रहता है, वैसे ही तू अपनी सारी आसक्तियों को छोड़। हे जीव ! क्षणभर के लिए भी प्रमाद मत कर।

Unattached

Just as the lotus remains unaffected from the autumnal water, you too should give up all attachments. Oh Gautama ! be not careless even for a while.

अस्थिर जीवन

जैसे समय आने पर वृक्ष के पत्ते पीले पड़ते हुए पृथ्वी पर झड़ जाते हैं, उसी तरह मनुष्य जीवन भी आयु शेष होने पर समाप्त हो जाता है। हे गौतम ! (जीव !) क्षणभर के लिए भी प्रमाद मत कर।

Unstable Life

Oh Gautama ! just as the dry leaves of a tree wither away, so also, when the duration of life terminates, human life too comes to an end. Therefore, be not careless even for a while.

❋ ❋

दुर्लभ मनुष्य-भव

निश्चय ही मनुष्य-योनि में जन्म पाना बहुत दुर्लभ है। सभी प्राणियों को वह बड़े दीर्घकाल के बाद प्राप्त होता है। कर्मों के फल बड़े गाढ़ होते हैं। हे जीव ! क्षणभर के लिए भी प्रमाद मत कर।

Rarity of Human Birth

It is indeed very difficult to acquire human birth. One acquires it after a very long span of time for the **karmas** that bind the soul are very powerful. Therefore, Oh Gautama ! be not careless even for a while.

किनारे पर क्यों खड़े ?

जब तू विशाल सागर को तैर चुका है, तब तट पर आकर क्यों खड़ा है ? पार पहुँचने के लिए शीघ्रता कर। हे जीव ! क्षणभर के लिए भी प्रमाद मत कर।

Why Standing Near the Shore ?

When you have crossed the mighty ocean, why are you standing at the shore ? Hurry to go across. Oh man ! be not careless even for a while.

❋ ❋

जिनवाणी का सार

जो तुम अपने लिए चाहते हो, वही दूसरों के लिए भी चाहो तथा जो तुम अपने लिए नहीं चाहते, वह दूसरों के लिए भी मत चाहो। यही जिनशासन का सार है।

Essence of Jina Dharma

What you desire for yourself desire for others too; what you do not desire for yourself, do not desire for others too—this is the essence of **Jina Dharma.**

शास्त्रों का सार

प्ररूपणा का सार है—आचरण। आचरण का सार (अंतिम फल) है—निर्वाण।

Essence of Preaching

The essence of preaching is practice and the fruit of practice is emancipation.

संदर्भ ग्रन्थ-सूची	**References of Selected Works**
आचारांग सूत्र	Ācārāṅga Sūtra
उत्तराध्ययन सूत्र	Uttarādhyayana Sūtra
दशवैकालिक सूत्र	Daśavaikālika Sūtra
सूत्रकृतांग सूत्र	Sūtrakṛtāṅga Sūtra
आवश्यक निर्युक्ति	Āvaśyaka Niryukti
द्वादशानुप्रेक्षा	Dvādaśānuprekṣā
ध्यान शतक	Dhyāna Śataka
प्रवचनसार	Pravacana-sāra
भगवती आराधना	Bhagavatī Ārādhanā
शील पाहुड	Śīla-Pāhuda
समयसार	Samaya-sāra
ऋषिभाषितम् एवं अन्य	Ṛṣibhāṣitam and others